UNE ANNÉE AUTOUR DU MONDE

Traditions et culture | Saveurs | Nature | Patrimoine

GEO

ALMANACH

UNE ANNÉE AUTOUR DU MONDE

Traditions et culture | Saveurs | Nature | Patrimoine

Textes
Pierre-Olivier Bonfillon

SOLAR

Les rubriques de l'almanach

1001 ESPÈCES

Faune et flore, biodiversité

À VOUS DE JOUER – La citation mystère

Vrai ou faux, cherchez l'intrus, les 7 capitales…

BON VOYAGE

Idées inspirantes de voyages inattendus en ce mois

CULTURE

Musées du monde, festivals

EN PLEINE NATURE

Patrimoine et sites naturels, focus sur les arbres remarquables, les phénomènes météo…

FLASH MÉTÉO du monde

Températures dans quelques villes du monde

GRANDS voyageurs

Hommes & femmes qui ont découvert ou parcouru le monde

HOMMES & FEMMES du MONDE

Peuples, métiers atypiques…

Le goût de GÉO

Mets et saveurs, boissons, épices, recettes…

MERVEILLES du PATRIMOINE

Patrimoine « construit »

• MOTS D'AILLEURS •

Langues méconnues et mots intraduisibles en français

TERROIRS et BALADES • en France •

Balades, produits incontournables, lieux insolites…

TRADITIONS DU MONDE

Fêtes, us et coutumes, légendes…

ZOOM SUR…

Place à l'insolite, à la surprise.

Sommaire

365 jours de voyages, de découvertes et d'optimisme ! 8

Planisphère 10

La France et ses régions 12

JANVIER

Découvertes au fil du mois 12

Jeux : l'Union européenne 34

FÉVRIER

Découvertes au fil du mois 40

Jeux : des invitations à voyager 56

MARS

Découvertes au fil du mois 62

Jeux : beautés naturelles en France 80

AVRIL

Découvertes au fil du mois 84

Jeux : les grands explorateurs du XVIe au XVIIIe siècle 102

MAI

Découvertes au fil du mois 108

Pause lecture : Alexandre Dumas 130

JUIN

Découvertes au fil du mois 138

Jeux : en route pour les vacances 156

JUILLET

Découvertes au fil du mois 162

Jeux : des paysages incroyables 184

AOÛT

Découvertes au fil du mois 190

Jeux : les capitales du monde 208

SEPTEMBRE

Découvertes au fil du mois 214

Jeux : les ports du monde 232

OCTOBRE

Découvertes au fil du mois 238

Pause lecture : Guy de Maupassant 260

NOVEMBRE

Découvertes au fil du mois 268

Jeux : des espèces menacées à protéger 286

DÉCEMBRE

Découvertes au fil du mois 292

Pause lecture : Jack London 310

Solutions des jeux 320

Index 328

Parc national Jasper, Canada.

365 jours de voyages, de découvertes et d'optimisme !

Chaque jour, chaque mois, GEO fait voyager ses lecteurs et ses internautes. Témoin de la fragilité du monde, à travers des photos de nos terroirs ou de territoires plus éloignés, et les récits de ceux qui y vivent comme de ceux qui les explorent.

À votre tour, chaque jour, chaque semaine, chaque mois, retrouvez dans les pages de cet almanach le fruit de cette expertise journalistique, photographique, de ce regard contemporain sensible à la protection de l'environnement et savourez cet insatiable plaisir de la découverte du monde.

Servi par de formidables photographies, cet almanach réserve une multitude de surprises naturelles, patrimoniales, sémantiques, artistiques ou culinaires. Pour ouvrir vos horizons, inspirer vos futurs voyages, pour vous apporter des informations essentielles ou plus futiles, enrichir vos savoirs, ou pour vous divertir avec des pauses lecture de grands auteurs voyageurs.

Percevoir et comprendre la diversité et la beauté du monde rendent sa préservation une véritable nécessité. Avec cet almanach perpétuel, compagnon de votre année, nous vous souhaitons au fil des splendeurs, complexités et richesses de notre planète de belles découvertes durables et toujours renouvelées !

Océan Arctique
Groenland (Danemark)
Mer du Groenland
Mer de Baffin
Mer de Norvège
Alaska
ISLANDE
NORVÈGE
Golfe d'Alaska
CANADA
Baie d'Hudson
Mer du Nord
IRLANDE
ROYAUME UNI
FRANCE
ITALIE
Océan Pacifique Nord
ÉTATS-UNIS
PORTUGAL
ESPAGNE
TUNISIE
MAROC
Océan Atlantique Nord
ALGÉRIE
MEXIQUE
Golfe du Mexique
LES BAHAMAS
CUBA
SAHARA OCCIDENTAL
HAÏTI
JAMAÏQUE
MAURITANIE
MALI
GUATEMALA
BELIZE
HONDURAS
Mer des Caraïbes
CAP-VERT
SÉNÉGAL
NICARAGUA
GUINÉE-BISSAU
GUINÉE
BURKINA FASO
NIGERIA
COSTA RICA
PANAMA
VENEZUELA
SIERRA LEONE
CÔTE D'IVOIRE
GHANA
TOGO
BÉNIN
LIBÉRIA
GUYANA
SURINAME
Guyane (Fra)
COLOMBIE
ÉQUATEUR
PÉROU
BRÉSIL
BOLIVIE
PARAGUAY
ARGENTINE
URUGUAY
CHILI
Océan Pacifique sud
Océan Atlantique Sud
Océan Austral
A N T A

Océan Arctique
Mer de Barents
FINLANDE
ESTONIE
LETTONIE
LITUANIE
BIÉLORUSSIE
UKRAINE
MOLDAVIE
ROUMANIE
SERBIE
BULGARIE
GRÈCE
R U S S I E
KAZAKHSTAN
MONGOLIE
Mer de Béring
Mer Noire
GÉORGIE
ARMÉNIE
AZERBAÏDJAN
OUZBÉKISTAN
KIRGHIZISTAN
TURKMÉNISTAN
TADJIKISTAN
TURQUIE
Mer Caspienne
CHYPRE
SYRIE
LIBAN
ISRAËL
JORDANIE
IRAQ
IRAN
AFGHANISTAN
PAKISTAN
C H I N E
CORÉE DU NORD
CORÉE DU SUD
Mer du Japon
JAPON
Océan Pacifique Nord
Méditerranée
ÉGYPTE
ARABIE SAOUDITE
KOWEÏT
QATAR
Golfe Persique
É.A.U.
Golfe d'Oman
OMAN
NÉPAL
BHOUTAN
BANGLADESH
INDE
BIRMANIE
Mer de Chine orientale
TAIWAN
LAOS
THAÏLANDE
CAMBODGE
VIETNAM
Mer de Chine méridionale
PHILIPPINES
CHAD
SOUDAN DU NORD
Mer Rouge
ÉRYTHRÉE
YÉMEN
Mer d'Arabie
Golfe du Bengale
DJIBOUTI
Golfe d'Aden
Archipel de Socotra (Yém)
ÉTHIOPIE
SOMALIE
SOUDAN DU SUD
ÉPUBLIQUE NTRAFRICAINE
Andaman-et-Nicobar
SRI LANKA
MALDIVES
MALAISIE
BRUNEI
SINGAPOUR
OUGANDA
KENYA
RWANDA
BURUNDI
RÉPUBLIQUE DÉMOCRATIQUE DU CONGO
TANZANIE
SEYCHELLES
INDONÉSIE
PAPOUASIE NOUVELLE GUINÉE
TIMOR ORIENTAL
ÎLES SALOMON
COMORES
OLA
MALAWI
MOZAMBIQUE
ZAMBIE
Océan Indien
Mer de Corail
ZIMBABWE
MADAGASCAR
MAURICE
IE
BOTSWANA
AUSTRALIE
SWAZILAND
AFRIQUE DU SUD
LESOTHO
NOUVELLE-ZÉLANDE
Mer de Tasman
éan Austral
T I Q U E

Le village d'Aurel dans le Vaucluse est entouré de champs de lavande en fleur dont la récolte commence à la mi-juillet.

La France et ses régions

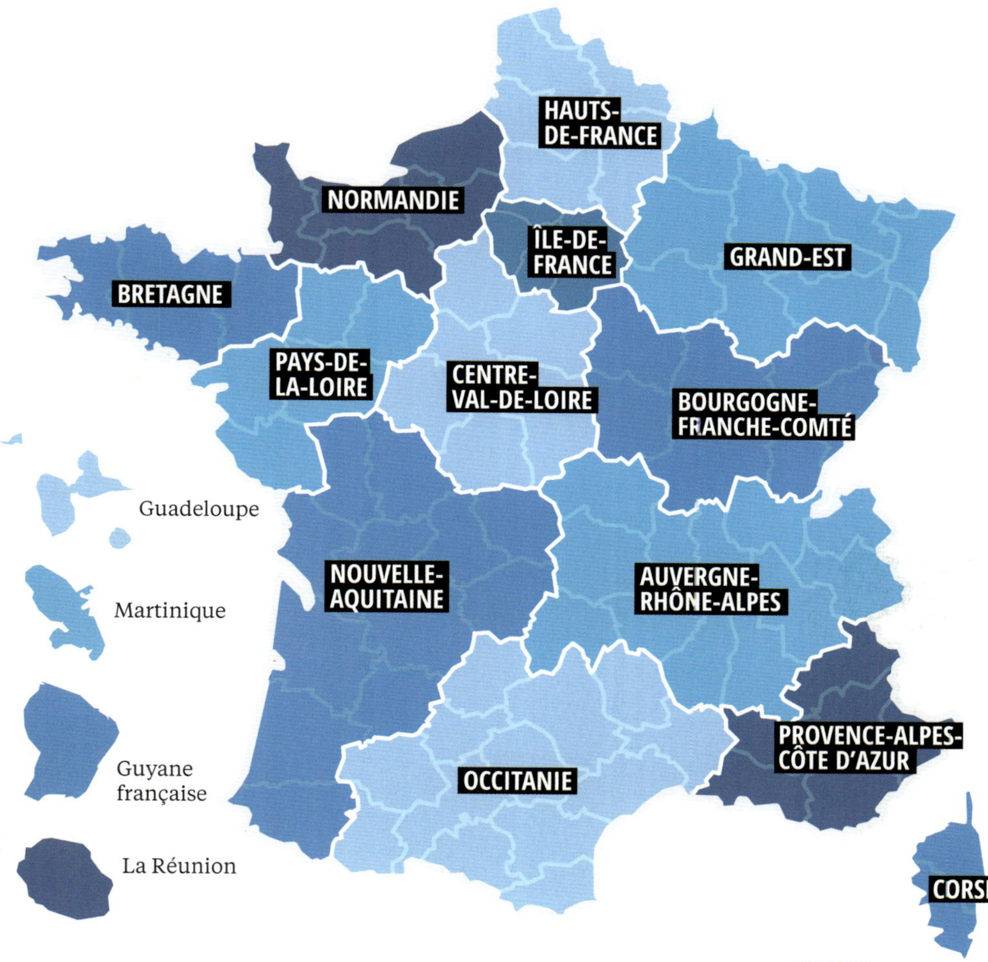

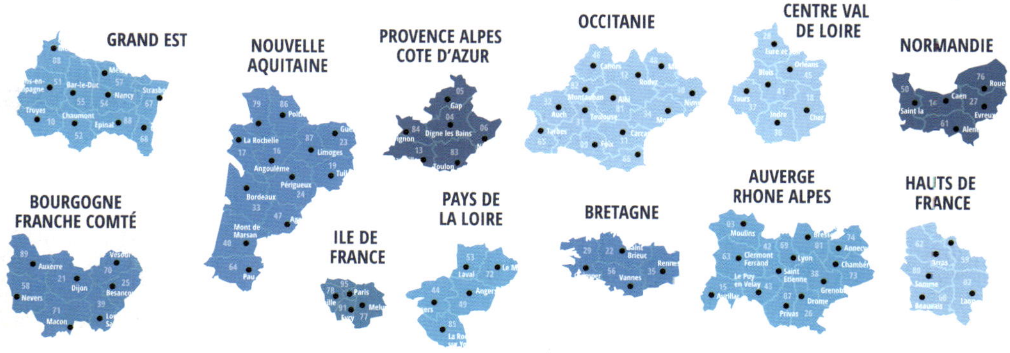

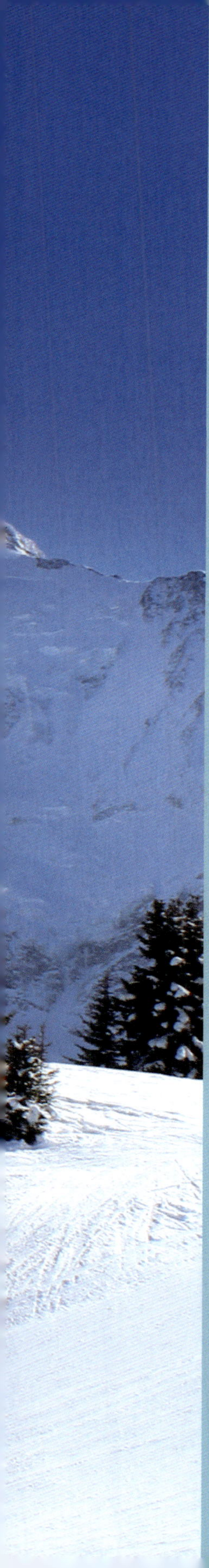

Janvier

En janvier, démarrez l'année dans la liesse du carnaval de San Juan de Pasto (p. 17), ou découvrez Sydney (p. 18) pour son climat idéal en ce début d'année. Amateurs d'art, de traditions et de fraîcheur, direction les îles Shetland pour les fêtes vikings (p. 26)… ou Harbin pour le festival chinois de sculptures sur glace (p. 22). Puis variez les saveurs en vous concoctant de succulents dolmades à la grecque (p. 28) ou en fêtant la truffe (p. 15), visitez enfin d'incroyables maisons d'artistes (p. 20) et voyagez avec Livingstone (p. 19)…

Éphéméride express

N'oublions pas à travers le monde :

- **Nuit du 31 décembre au 1er janvier.** Hogmanay : Nouvel An écossais.
- **7 janvier.** Nanakusa no sekku, très ancienne coutume japonaise : on mange ce jour-là un kayu aux sept herbes.
- **Mi-janvier.** Magh Bihu : fête des récoltes en Inde.
- **22 janvier.** Fêtes de la Saint-Vincent à Valence, Espagne.
- **24 janvier.** Journée internationale de l'éducation.
- **26 janvier.** Australia Day : célébration nationale pour l'arrivée de la première flotte britannique en 1788 (p. 18).
- **Entre le 21 janvier et le 19 février.** Nouvel An chinois.

← Le mont Blanc, plus haut sommet d'Europe occidentale, culmine à 4 806 mètres.

L'almanach, un « moment dans le temps »

Le terme « almanach » signifie en arabe « moment dans le temps ». Millénaire, il a traversé l'Antiquité, les siècles et les continents. Selon le dictionnaire de l'Académie française, le « ch » final se prononce « k » mais ne se fait sentir qu'en liaison avec une voyelle : on recommande ainsi de dire l' « almana » GEO… mais on dira « un almanak-ancien » : « Calendrier qui contient tous les jours de l'année, les fêtes, les lunaisons, les éclipses, les signes dans lesquels le soleil entre, et quelquefois des pronostics du beau et du mauvais temps.[…] Il se dit particulièrement de certains livres qui sont publiés annuellement et qui contiennent, outre l'almanach, une foule d'autres indications d'un intérêt général. »

Almanach, vers 1750-1820, Pays-Bas.

Almanach de l'art, 1883, France.

Tel est bien le cas de ce livre que vous tenez entre vos mains, qui se propose de ponctuer votre année de multiples informations, découvertes, anecdotes et fenêtres ouvertes sur le monde, du patrimoine mondial en passant par les peuples et les métiers méconnus pratiqués à travers le globe, sa faune et sa flore, et tant d'autres inspirations et destinations de voyage… Bonne année à vous, pour 52 semaines d'évasion et de découvertes !

À VOUS DE JOUER

La citation mystère

À chaque lettre de l'alphabet correspond un nombre unique : reportez-les au fur et à mesure dans la grille pour retrouver cette citation d'Émile Zola. Solution page 16.

A	B	C	D	E	F	G	H	I	J	K	L	M	N	O	P	Q	R	S	T	U	V	W	X	Y	Z
													4	3											

_ _ _ N   N _   _ É _ _ _ O _ _ _
21 25 26 4   4 26   20 26 12 26 8 3 14 14 26

_ ' _ N _ _ _ _ _ _ _ N _ _   _ O _ _ _
8 ' 25 4 5 26 8 8 25 9 26 4 22 26   22 3 11 11 26

_ _ _   _ O _ _ _ _ _ .
8 26 1   12 3 15 13 9 26 1 .

TERROIRS *et* BALADES • *en France* •

La fête de la truffe à Sarlat

En ce mois de janvier, la capitale du Périgord noir fête la truffe : marché, démonstrations de cavage (le terme exact pour désigner la récolte de ce champignon), dégustation de croustons, stages culinaires et démonstrations de cuisine au programme pour célébrer ce précieux trésor naturel. Dégustées et réputées depuis l'Antiquité, les truffes se développent en symbiose avec le chêne, le frêne ou le charme, et sont récoltées de mi-décembre à mi-mars : on compte environ 20 000 trufficulteurs actuellement en France, même si l'Espagne est le premier producteur mondial. D'environ 100 grammes en moyenne, quelques spécimens dépassent le kilogramme et atteignent des valeurs d'exception… qui participent à la réputation de ce champignon au parfum caractéristique, dont seulement six espèces sont réellement dites « gastronomiques » sur la centaine existant en milieu naturel.

HOMMES & FEMMES *du* MONDE

QUI SONT LES DAYAKS DE BORNÉO ?

Connue pour sa réputation de redoutables « chasseurs de têtes », cette ethnie autochtone de l'une des trois plus grandes îles au monde vit au sein de l'une des dernières grandes forêts équatoriales de la planète. Ce nom de Dayak initialement créé par les Hollandais pour désigner les non-musulmans et indigènes vivant à Bornéo, recouvre d'ailleurs en réalité une multitude de groupes ethniques. Longtemps nomades redoutés, ils se sont de plus en plus sédentarisés au fil des décennies.

Les *longhouses*, ces longues habitations construites sur pilotis en bord de rivière, si caractéristiques par leur long couloir traversant, en témoignent, et peuvent accueillir une population importante : jusqu'à cinquante familles !

L'extinction actuelle de leurs pratiques agricoles et forestières menace inexorablement la disparition de leur culture, tant leurs traditions, rituels et pratiques médicinales sont étroitement liés à leur gestion des ressources naturelles et agricoles locales, dans une tradition exclusivement orale, de génération en génération.

À VOUS DE JOUER

La citation mystère

Solution du jeu page 15.

A	B	C	D	E	F	G	H	I	J	K	L	M	N	O	P	Q	R	S	T	U	V	W	X	Y	Z
13	10	22	20	26	24	9	2	25	16	18	8	11	4	3	14	6	21	1	5	17	12	23	7	15	19

R I E N N E D É V E L O P P E L ' I N T E L L I G E N C E
21 25 26 4 4 26 20 26 12 26 8 3 14 14 26 8 25 4 5 26 8 8 25 9 26 4 22 26

C O M M E L E S V O Y A G E S .
22 3 11 11 26 8 26 1 12 3 15 13 9 26 1

TRADITIONS DU MONDE

Le carnaval de Pasto
Une fête colombienne haute en couleur

Chaque année du 2 au 7 janvier depuis des décennies, ce carnaval inscrit au patrimoine immatériel de l'humanité de l'Unesco, se tient à San Juan de Pasto, capitale du Nariño, à la frontière de l'Équateur. C'est le fruit exceptionnel et exemplaire du mélange de traditions indigènes séculaires dédiées à la Lune, d'influences espagnoles lors de la colonisation, agrégées aux réalités raciales et économiques actuelles, en un vivant symbole de tolérance et de diversité ethnique.

Plusieurs étapes de précarnaval s'étalent du 28 décembre qui précède, pour aboutir au « juego de negritos », le 5 janvier, qui voit la population se maquiller de noir, puis le lendemain, « juego de blancos », se grimer de blanc, à grand renfort de talc, farine et autres adjuvants… dans une apothéose ponctuée par le Grand Défilé : chars, fanfares et chorégraphies dédiées, dans une liesse et une ferveur collective toujours nourries.

LE SYDNEY FESTIVAL
AUSTRALIE

Depuis 1977, durant trois semaines en janvier se tient le Sydney Festival, un événement international exceptionnel, riche de spectacles et de concerts souvent gratuits, au sein des théâtres, salles et galeries de la ville, qui mobilise plus de 900 artistes de près de vingt nationalités. Un bon prétexte pour découvrir cette ville mythique, ensoleillée toute l'année, et ses sites incontournables tel son fameux Opéra, nef ou coquillage aux tuiles de granit blanc, à l'architecture si reconnaissable, ou Circular Quay, dont le panorama offert entre la baie et les jardins botaniques est à couper le souffle. Ne manquez pas le coucher de soleil sur Watsons Bay, aisément accessible depuis Circular Quay en train, en ferry ou en bus pour parachever votre visite de cette ville unique à plus d'un titre.

GRANDS voyageurs

David Livingstone (1813-1873)
Le missionnaire aventurier

Médecin, missionnaire écossais et explorateur mythique de l'Afrique au XIXe siècle. Il fut l'un des contributeurs majeurs au développement commercial de l'empire britannique, mais aussi à la cartographie de ce continent et au recensement de ses richesses, cherchant par ailleurs sans relâche les sources du Nil jusqu'à sa mort. Précurseur de l'impérialisme colonial qui se développa après sa disparition et à l'évangélisation du sud de l'Afrique, il découvrit lors de son expédition sur la rive nord du Zambèze les ravages inhumains de la traite arabo-musulmane. Il fit dès lors de la lutte contre la traite et l'esclavage, en plein milieu du XIXe siècle, le combat de sa vie, et demeure aujourd'hui encore l'un des héros emblématiques de cette cause et de l'époque victorienne.

Le goût de GÉO

SALADE DE CHOU À LA JAPONAISE

Cette salade sera facile à réaliser car c'est la pleine saison du chou.

INGRÉDIENTS POUR 4 PERSONNES : 1 petit chou chinois ou chou blanc • Graines de sésame blanc grillé • 25 cl de vinaigre de riz ou de cidre • 2 cuil. à soupe de sucre cassonade • 2 cuil. à soupe de nuoc-mâm • 3 cuil. à soupe d'huile • 1 cuil. à café de sauce soja • 1 poignée de sel

1. Coupez le chou finement et disposez-le dans un grand saladier. Plongez-le dans l'eau froide avec le sel. Laissez reposer 20 minutes.
2. Dans un bol, versez le vinaigre, le sucre, le sel. Battez pour émulsionner.
3. Égouttez soigneusement le chou, versez l'émulsion sur le chou et laissez reposer au moins 2 heures, voire 4 à 5 dans l'idéal, pour rendre le chou plus tendre et plus digeste.
4. Pressez le chou pour l'égoutter. Disposez-le dans un saladier en y ajoutant la vinaigrette, composée du nuoc-mâm, de l'huile et de la sauce soja que vous aurez préalablement mélangées ensemble.
5. Saupoudrez de quelques graines de sésame grillées, préparez vos baguettes, servez et dégustez !

ZOOM SUR... ZOOM SUR... ZOOM SUR... ZOOM SUR... ZOOM SUR...

Deux maisons d'artistes à visiter

❶ ❷ Deux destinations intéressantes en janvier pour savourer le *hyggelig* (p. 21).

❶ Casa Azul, Mexique

Une incroyable maison d'un bleu éclatant, au sud de Mexico, repaire de la grande artiste Frida Kahlo de sa naissance à sa mort, dans un état de conservation intact. De quoi ressentir toutes les vibrations et l'âme artistique de la peintre, dont le visiteur peut admirer là les trésors, les meubles et bien des œuvres : autoportraits, ex-voto... ainsi que les pièces de vie aux couleurs éclatantes. Nichée dans un havre de verdure, la maison demeure absolument fidèle au cadre dans lequel Frida Kahlo vécut, aima Diego Riviera, et peignit tant de chefs-d'œuvre aujourd'hui répartis dans les musées à travers le monde. Son atelier, à l'étage, soigneusement préservé, des palettes et pigments jusqu'à son fauteuil roulant devant son chevalet de peintre, rendent plus sensible et présente encore l'âme de l'artiste en ces lieux.

❷ Port Lligat, Espagne

Une petite maison de pêcheurs près de Cadaqués, la façade blanchie à la chaux, sur le front de mer, initialement d'à peine 5 m²... transformée en maison-atelier par Salvador Dalì, en 1929. Cette maison en colimaçon, au beau milieu des oliviers, se visite sur réservation, et constitue un véritable tableau en trois dimensions, à la mesure de la folie de son génial créateur. Un gigantesque ours, tous crocs dehors, vous accueillera dès l'entrée, dans une demeure où chaque pièce se révèle une œuvre en soi : sculptures, mobilier, décoration, couleurs, architecture – jusqu'à la piscine, phallique –... rien n'échappera au regard du visiteur médusé ou ébloui !

❶

❷

• MOTS D'AILLEURS •

Gemütlichkeit

(allemand)

Ce mot désigne une atmosphère chaleureuse et conviviale empreinte de bien-être, associée à un moment de quiétude, de détente, à un espace accueillant. Il exprime ce profond confort intérieur, léger et apaisant, à l'opposé des conflits, des tourments, confortable et « bon pour l'âme ». Les Danois possèdent un terme assez proche : *hyggelig*.

CULTURE

Harbin, la magie de la glace

Chaque année en janvier, et jusqu'à mi-février, dans la province chinoise du Heilongjiang, où les températures hivernales peuvent descendre sous les -30 degrés, se déroule l'un des plus grands festivals de sculptures sur glace et de neige au monde. Historiquement, au cours de la dynastie des Qing (du XVIIe au début du XXe siècle), paysans et pêcheurs créaient et modelaient déjà des lanternes de glace pour les utiliser comme lampe pour les longs mois d'hiver.

Aujourd'hui, ce festival marque à sa façon l'avènement de la saison hivernale au nord-est du pays. Il est préparé par près de 10 000 ouvriers – pour extraire les centaines de milliers de mètres cubes de glace de la rivière Songhua avoisinante ! – pour permettre à des artistes venant de Chine et d'ailleurs d'y sculpter d'énormes figures, temples, monuments célèbres à taille réelle et autres statues de glace. Alternent ainsi des sujets de folklore local comme les fameuses lanternes, avec des concepts plus contemporains, intégrant lasers, marques commerciales ou effets lumineux. Ces véritables œuvres d'art éphémères et translucides sont souvent magnifiées de l'intérieur par des lumières colorées.

Ce festival, initié en 1963, a été suspendu entre la Révolution culturelle et 1985 et constitue désormais un rendez-vous annuel international magique, prisé pour le gigantisme et la finesse des réalisations qui rivalise avec les festivals renommés de Poznań en Pologne ou du comté de Fairbanks en Alaska.

MERVEILLES du PATRIMOINE

LES FORTS DU DJADO
SUR LA ROUTE DES CARAVANES

À plus de 1 300 kilomètres de Niamey, au nord-est du Niger, après des heures de route à travers le désert, **à réaliser pendant la saison sèche et fraîche de janvier,** surgissent des vestiges de sel et d'argile : la forteresse de Djaba, les forts de la vieille cité de Djado, comme une termitière géante, avec ses ruelles et ses ruines ensevelies sous le sable. Quelques murailles, tours de garde et puits témoignent de la grandeur de ces lieux qui constituent pour les spécialistes de véritables énigmes. Qui a donc pu bâtir ces cités oubliées, ces ksours nichés dans les oasis d'une région si désertique ? Quand l'ont-elles été ? Et pourquoi les a-t-on abandonnées ?

Non loin, les gravures rupestres du lieu-dit Titilibé témoignent par ailleurs d'un Sahara fort humide : hippopotames, girafes, éléphants ou autruches, ainsi que des scènes de chasse nous donnent à imaginer un lointain passé luxuriant, propice à la chasse. Ce point central des routes caravanières a depuis longtemps laissé place aux trafics d'armes ou de drogue et il n'est plus d'actualité aujourd'hui pour les chercheurs, les archéologues et encore moins pour les touristes de chercher localement la clé de toutes ces origines… Un patrimoine et une histoire encore intégralement à découvrir un jour pour l'humanité.

1001 ESPÈCES

LE LYNX BORÉAL

Facilement reconnaissable à ses longues pattes qui lui permettent de se déplacer aisément dans la neige, le plus grand félin d'Europe, avec sa courte queue et ses oreilles pointues surmontées d'une touffe de poils noirs, a fait son retour dans le Jura dans les années 1980. On compte aujourd'hui près de 200 individus. Espèce totalement inoffensive pour l'homme, essentielle dans la chaîne alimentaire, il se nourrit de chevreuils, de chamois. Prédateur solitaire et discret, objet de superstitions et de méfiance depuis le Moyen Âge par son analogie avec le loup, il est aujourd'hui intégralement protégé par la plupart des pays d'Europe et classé sur la liste rouge des espèces menacées en France.

À VOUS DE JOUER
Vrai ou faux ?

❶ Le wombat, comme le kangourou, est un marsupial doté d'une poche ventrale où naît le petit.
☐ VRAI ☐ FAUX

❷ Le dik-dik de Kirk est un oiseau de la jungle amazonienne nommé ainsi pour son petit cri strident.
☐ VRAI ☐ FAUX

❸ Maseru est la capitale du Lesotho.
☐ VRAI ☐ FAUX

❹ « Je me souviens » est la devise de la Wallonie.
☐ VRAI ☐ FAUX

RÉPONSES

❶ VRAI. (Voir le sujet p. 48). ❷ FAUX. (Voir le sujet p. 69).
❸ VRAI. ❹ FAUX. C'est la devise du Québec.

FLASH MÉTÉO du monde

En janvier…

À Sydney (Australie)
De 19 à 26 °C,
9 jours de pluie

À Buenos Aires (Argentine)
De 22 à 30 °C,
9 jours de pluie

À Moscou (Russie)
De -10 à -5 °C,
15 jours de neige

BON VOYAGE

LES FÊTES VIKINGS AUX ÎLES SHETLAND

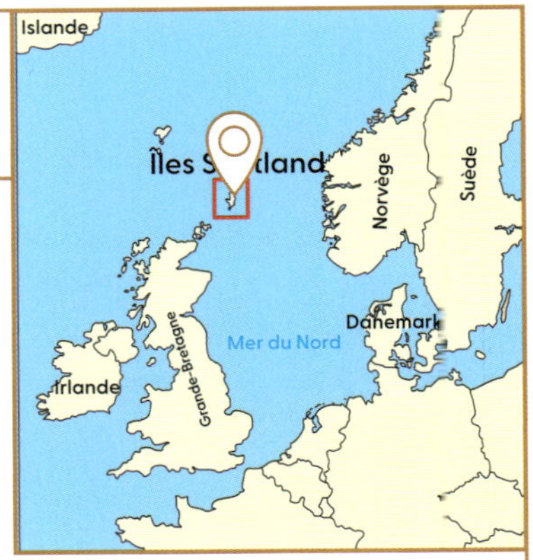

Le dernier mardi de janvier, dans l'ensemble de l'archipel écossais des Shetlands se tiennent les Up Helly Aa, processions aux flambeaux menées par le *jarl* (chef de clan). La population est déguisée en vikings ou en costumes nordiques, des tenues soigneusement préparées toute l'année qui précède par la communauté. Ces processions se concluent par un impressionnant final de mise à feu d'un drakkar par près de 800 torches enflammées : un spectaculaire hommage à l'héritage scandinave de ces îles, devenues écossaises depuis pourtant plus de six siècles... et l'un des plus grands festivals de feu en Europe.

Alors que cette fête brisait simplement au départ, à la fin du XIXe siècle, les longues nuits hivernales, elle met aujourd'hui en lumière et valorise, année après année, folklore nordique et légendes vikings. L'aéroport de Sumburgh est le plus proche pour atteindre Lerwick, où se déroulent ces festivités.

TERROIRS et BALADES • en France •

L'Appellation d'Origine Protégée

Connaissez-vous le point commun entre le camembert de Normandie, la châtaigne d'Ardèche, la noix de Grenoble, la lentille verte du Puy ou l'olive de Nîmes ? Ils font partie des près de 500 produits des terroirs français référencés Appellation d'Origine Protégée (AOP), qui garantit que le produit a été transformé et élaboré dans une zone géographique déterminée. Signe européen, il protège le nom du produit dans toute l'Union européenne. Il témoigne de l'incroyable diversité et richesse des terroirs de France et d'un savoir-faire toujours unique. **En janvier, certains produits AOP tels que les « Fruits de Corse » sont à savourer sans modération !**

Les îles Shetland, au nord de l'Écosse, se caractérisent par un territoire très découpé difficile à aborder.

Le goût de GÉO

Dolmades, feuilles de vigne farcies grecques

Cette spécialité donnera un goût estival à votre hiver.

INGRÉDIENTS POUR 4 PERSONNES :
300 g de viande hachée • 1 petit bouquet de persil ou autre herbe • 1 à 2 cuil. à café d'épice de votre choix • 100 g de riz • 250 g de feuilles de vigne • 2 cuil. à soupe de jus de citron • 3 cuil. à soupe d'huile d'olive • sel et poivre

1. Mélangez au minimum deux viandes hachées de votre choix (bœuf, agneau ou porc) avec des herbes finement ciselées (persil, menthe, aneth, fenouil…) et quelques épices (piment doux, poivre, cumin…) ou de l'oignon.

2. Ajoutez une poignée de riz (rond ou basmati) pas totalement cuit, juste encore un peu ferme, dans la farce. Salez et poivrez légèrement l'ensemble.

3. Sur une feuille de vigne bien égouttée posée pointe vers le haut dont vous aurez coupé la queue, nervures face à vous, déposez 1 cuillerée à soupe de farce. Rabattez le bas de la feuille vers le centre, puis de même pour les côtés, et enfin enroulez le tout vers la pointe.

4. Dans une sauteuse couverte, disposez les feuilles farcies côté plié vers le bas avec plusieurs tasses d'eau, voire du bouillon selon l'aromatisation souhaitée. Ajoutez le jus de citron, un peu d'huile d'olive et laissez mijoter 40 minutes à couvert et à feu doux, jusqu'à ce que les feuilles soient bien tendres.

Les feuilles de vigne sont plus aisément disponibles en France surgelées ou en conserve. Une variante est possible pour les végétariens, sans viande hachée . À déguster chaudes, tièdes ou froides, et toujours succulentes le lendemain !

• MOTS D'AILLEURS •

Le finnois

Langue de la Finlande et de la Carélie russe, le finnois regorge de mots intraduisibles dans la plupart des autres langues, dont voici un premier florilège. Souvent si représentatifs du lien profond de ce pays avec les plaisirs simples ou la nature et ses grands espaces, à découvrir enneigés en hiver !

• Ainsi, *poronkusena* désigne la distance… qu'un renne peut parcourir sans s'arrêter – pour se reposer et uriner –, soit environ 7,5 km ! Un terme hérité des Samis, le peuple autochtone de Laponie.

• Plus fondamental, *jokamiehenoikeus* est un droit partagé avec les Suédois, ou les Norvégiens : celui du libre accès de quiconque à la nature, de pouvoir jouir librement de son environnement et de ses multiples fruits, sous réserve de respecter l'intégrité des lieux.

• Plus intimement lié à la culture finlandaise du sauna – élément vital de détente physique et mentale, et non un luxe réservé à des résidences cinq étoiles comme dans la plupart des autres pays du monde –, *löyly* nomme quant à lui la grande quantité de vapeur dégagée par le jet d'eau sur les pierres chaudes du poêle, le *kiuas*.

• Et pour finir, sans doute le plus beau et le plus satisfaisant pour démarrer l'année en douceur, *hyppytyynytyydytys* qui avec ses 18 lettres – dont 9 y ! – désigne ce sentiment de plénitude inouïe ressentie lorsqu'on s'enfonce dans un coussin particulièrement rebondi et moelleux…

À VOUS DE JOUER

Jeu des 7 capitales

De quel pays les villes suivantes sont-elles la capitale ?

❶ **Sanaa**
A. Équateur
B. Yémen
C. Nouvelle-Zélande

❷ **Maseru**
A. Lesotho
B. Uruguay
C. Malawi

❸ **Vientiane**
A. Thaïlande
B. Laos
C. Bolivie

❹ **Madrid**
A. Espagne
B. Portugal
C. Pérou

❺ **Hanoï**
A. Philippines
B. Laos
C. Vietnam

❻ **San José**
A. Malte
B. Costa Rica
C. Trinidad-et-Tobago

❼ **Séoul**
A. Corée du Nord
B. Corée du Sud
C. Japon

RÉPONSES
❶B. ❷A. ❸B.
❹A. ❺C. ❻B.
❼B.

MERVEILLES du PATRIMOINE

AYERS ROCK
LE SANCTUAIRE

Avec une température matinale de 30 °C en janvier, il est agréable de visiter Ayers Rock. Cet énorme bloc de grès, mythique à travers le monde, culmine à 348 mètres au-dessus de la plaine de l'outback australien, sculpté et façonné depuis 500 millions d'années par l'eau, le vent et le sable. Nommé Uluru par les Aborigènes, il représente un sanctuaire unique et inviolable, sur lequel la femme-python aurait pondu ses œufs dans la cosmogonie autochtone. Le monolithe était pour eux l'un des points du chemin parcouru par les ancêtres au temps de la formation du monde.

À plus de 300 kilomètres de la grande ville la plus proche, Alice Springs, ce site est riche de points d'eau, grottes et peintures rupestres étonnantes. Ses changements de couleur au gré des périodes de l'année, du gris argenté en période humide aux couchers de soleil d'un rouge flamboyant participent à son caractère d'exception.

Toutefois, le tourisme intensif, pour profiter du panorama qu'offre le sommet, et les conditions climatiques ont fait passer les espèces de mammifères indigènes vivant sur place d'une cinquantaine à une vingtaine en quelques décennies. Dans un souci de protection du site, cette ascension est désormais interdite, mais le parc naturel environnant se visite toujours.

TRADITIONS DU MONDE

LE *SILBO*
Langue sifflée des Canaries

Le *silbo*, « sifflement » en espagnol, est le langage sifflé des Gomeros, les habitants hispanophones de l'île de La Gomera aux Canaries. Il est la transcription en sifflements, de différentes tonalités et longueurs, du castillan parlé localement. Il serait une adaptation de la pratique des Guanches, autochtones de ces îles, qui utilisaient historiquement une forme sifflée de leur langue d'origine berbère.

Cette technique, bien spécifique pour communiquer à distance à travers montagnes et vallées, est désormais enseignée dans les écoles depuis 1999 et figure au patrimoine « immatériel » de l'humanité. Le silbo compte parmi ces rares et étonnantes langues sifflées au monde encore pratiquées, comme une cinquantaine d'autres au Mexique, en Thaïlande, en Grèce, en Turquie... ou très localement dans le Béarn il y a encore quelques décennies.

Paysage montagneux de l'île de la Gomera, Canaries.

1001 ESPÈCES

LA FOURMI PANDA OU SE MÉFIER DES APPARENCES
(Euspinolia militaris)

Quel incroyable insecte à plus d'un titre, essentiellement présent au Chili, dont les poils noirs et blancs lui ont conféré ce nom inattendu ! En dépit de son apparence de fourmi, il s'agit en réalité d'une guêpe, mais sans ailes chez les femelles, d'où la possible confusion, et bien pourvue d'ailes chez les mâles. Espèce très résistante, ses mâles et ses femelles possèdent une structure atypique sur la partie postérieure de leur corps, qu'ils utilisent pour émettre un gazouillis lorsqu'ils sont alarmés d'un danger. Ils déploient par ailleurs un rituel de reproduction peu courant : le mâle prend la femelle sur ses ailes pendant l'accouplement et ils se reproduisent... en volant. Enfin, caractéristique tout aussi exceptionnelle... la fourmi panda peut porter jusqu'à 150 fois son poids !

À VOUS DE JOUER

Vrai ou faux ?

Ces records : idées reçues… ou vérité scientifiquement reconnue ?

❶ L'Everest est la plus haute montagne du monde.

☐ VRAI ☐ FAUX

❷ Le Nil est le fleuve le plus long du monde.

☐ VRAI ☐ FAUX

❸ La Grande Muraille de Chine est visible depuis l'espace.

☐ VRAI ☐ FAUX

RÉPONSES

❶ VRAI. L'Everest est bel et bien le plus haut sommet du globe, avec un pic à 8 848 mètres d'altitude.

❷ FAUX. Après s'être longtemps disputé la première place du classement avec l'Amazone, le Nil est depuis les années 2000 le deuxième fleuve au monde, suite aux études des images satellites du géologue Paulo Martini, à 140 kilomètres de long de moins que son rival, à 6 852 kilomètres.

❸ FAUX. Légende tenace depuis des décennies… l'astronaute français Thomas Pesquet lui-même en témoigne : tel n'est pas le cas. Car si la construction s'étend sur des centaines de kilomètres en longueur, elle n'est large que de 7 mètres, ce qui reste évidemment beaucoup trop étroit pour être discernable à l'œil nu de si haut !

JANVIER

L'Union européenne

Le traité de Rome instituant la Communauté économique européenne a été signé en mars 1957, mais la CEE a réellement pris corps le 1er janvier 1958.

Mots mêlés

Retrouvez le maximum d'États membres et/ou de leur capitale dans la grille ci-dessous… avec ou sans l'aide de l'indice figurant en bas de page. Au total, 43 à retrouver ! Les mots sont à l'horizontale de droite à gauche ou de gauche à droite, à la verticale de haut en bas ou de bas en haut, en diagonale, et une même lettre peut servir à plusieurs mots.

Solution : voir p. 321

B	S	O	V	Y	P	F	E	N	F	T	F	R	D	Q	Z	T	H	S
E	E	E	R	X	K	I	I	L	I	W	A	I	I	A	J	E	U	U
B	U	R	L	X	R	O	R	K	N	C	R	L	G	G	L	H	E	I
K	Z	G	L	L	H	H	A	Z	L	D	O	R	L	S	A	I	I	N
J	Z	A	A	I	E	D	G	K	A	T	E	S	I	I	V	O	G	L
H	W	N	L	H	N	X	L	M	N	B	V	N	I	O	N	E	K	I
X	D	F	W	S	N	W	U	D	D	I	K	G	S	E	H	N	H	V
E	U	Q	I	G	L	E	B	R	E	I	K	R	A	M	E	N	A	D
E	S	T	O	N	I	E	P	N	B	P	A	Y	S	B	A	S	U	E
E	C	N	A	R	F	S	N	O	S	V	H	G	C	I	B	J	T	C
N	I	L	B	U	D	E	I	H	C	U	L	A	F	C	U	L	R	E
R	A	T	H	E	N	E	S	R	O	N	E	O	B	R	D	Y	I	R
W	L	E	T	T	O	N	I	E	A	N	S	D	E	O	A	E	C	G
A	L	L	E	M	A	G	N	E	M	P	G	M	E	A	P	N	H	O
K	D	X	M	I	Z	C	H	Y	P	R	E	R	E	T	E	G	E	U
A	O	F	O	I	L	P	R	A	G	U	E	T	I	I	S	A	I	L
Z	N	B	R	G	X	A	E	N	G	O	L	O	P	E	T	P	X	V
X	B	E	I	N	A	U	T	I	L	A	E	N	N	O	B	S	I	L
V	A	L	E	T	T	E	V	I	M	D	B	U	C	A	R	E	S	T

INDICE : voici la liste de tous les pays et capitales figurant dans cette grille. Allemagne-Athènes-Autriche-Belgique-Berlin-Bruxelles-Bucarest-Budapest-Bulgarie-Chypre-Copenhague-Croatie-Danemark-Dublin-Espagne-Estonie-Finlande-France-Grèce-Helsinki-Hongrie-Irlande-Italie-Lettonie-Lisbonne-Lituanie-Madrid-Malte-Nicosie-Paris-PaysBas-Pologne-Prague-Riga-Rome-Sofia-Suède-Tallinn-(La) Valette-Varsovie-Vienne-Vilnius-Zagreb.

La Grande Muraille de Chine est classée au patrimoine de l'Unesco, depuis 1987.

Février

Février se dit *pebaravāri* en cinghalais, l'une des langues parlées au Sri Lanka. C'est dans ce pays que se situe notamment Dambulla (p. 40) : découvrez-en les merveilles ce mois-ci, avant de rejoindre la Grenade (p. 48) ou le Colisée romain (p. 45)… quoi de plus romantique pour la Saint-Valentin ? Plus proche, goûtez au soleil de février au pied du Canigou (p. 51), ou cédez à la fascination des volcans d'Islande (p. 52)… Et connaissez-vous l'incroyable destin de Gertrude Bell (p. 49) ?

Éphéméride express

N'oublions pas à travers le monde :

- **1er février.** Imbolc, fête religieuse celtique irlandaise.
- **4 février.** Fête nationale du Sri Lanka, commémoration de son indépendance en 1948.
- **14 février :** Saint-Valentin, pourquoi pas une escapade à Rome hors saison (p. 45) ?
- **3e lundi de février.** President's Day aux États-Unis.
- **28 février.** Jour de l'Andalousie en Espagne, fête officielle régionale.
- **Carnaval de Rio, Brésil.** 47 jours avant Pâques.
- **Tet Nguyen Dan, Nouvel An vietnamien.** Fête la plus importante au Vietnam. La date du Tet varie, basée sur le calendrier lunaire (p. 43).

← Le viaduc de Landwasser, en Suisse, est classé au patrimoine mondial de l'Unesco.

LES GROTTES SANCTUAIRES DE DAMBULLA AU SRI LANKA

Les mois de février et mars sont parfaits pour se rendre au Sri Lanka, même si le climat y est agréable toute l'année avec une température moyenne de 30 °C. Ce site remarquable, classé au patrimoine mondial de l'Unesco depuis 1991, est composé de cinq grottes sanctuaires. Ce haut lieu de pèlerinage bouddhique depuis l'an 1 av. J.-C., encore en activité, constitue un exemple unique d'art religieux pour toute l'Asie du Sud-Est : des peintures murales couvrant plus de 2 000 m², 157 statues jusqu'à 15 mètres de hauteur et sculptures dorées étincelantes dans l'obscurité sont dans un état de conservation exceptionnel. La montée aux grottes à partir du Temple d'or est en soi un voyage, avec un panorama imprenable sur toute la région.

La grotte des grands rois est la plus grande des caves de Dambulla.

• MOTS D'AILLEURS •

Les cris d'animaux

Il nous paraît si évident et universel, appris depuis si petits : on peine à croire que les Français soient quasi les seuls au monde à écrire qu'une abeille fait « bzzz-bzz », un âne « hi-han » et plus que tout… notre coq national « Cocorico » ! Et pourtant, la transcription dans chaque langue des bruits des animaux est d'une incroyable diversité.

La fonction de ces onomatopées est de « suggérer par imitation phonétique la chose dénommée », selon *Le Petit Robert*, et elles témoignent finalement aussi de la richesse culturelle ou de l'environnement sonore de chaque langue qui les traduisent. Petit florilège de trois grands classiques et de leurs prononciations à travers le monde… à lire à voix haute, bien entendu !

Saviez-vous par exemple que la grenouille (généralement affublée en français d'un « croa-croa » !), varie en anglais de « *Ribbit!* » à « *Kwaak!* » en allemand, « *Gae-gool!* » en coréen, « *Kerokero* » en japonais ou « *Kum kum!* » en polonais ? Quant au canard, les Danois lui attribuent un tonitruant « *Rap rap!* », tandis que les Islandais lui préfèrent « *Bra bra!* », les Russes « *kria kria!* », les Estoniens « *Prääks!* » et les Bangladais, en bengali : « *Pnak pnak!* » Enfin, pour revenir à nos abeilles, vous trouverez ci-dessous la multiplicité de variations sonores qui désignent leur bruit à travers le monde, et dont linguistes et traducteurs font leur miel !

Afrikaans : « *Zoem* »
Arabe : « *Zzzu zzzu zzzu* »
Chinois : 嗡嗡 (« *Wēng wēng* »)
Japonais : « *Boom boom* »
Bahasa indonésien : « *Nguing* »
Norvégien : « *Sum sum* »

Le goût de GÉO

LE MASALA, VENU D'INDE

Un succulent mélange d'épices souvent torréfiées, utilisé dans les cuisines d'Asie du Sud, notamment lors des fêtes de Maha Shivaratri fêtées en février ou mars, ce festival hindou majeur en l'honneur du dieu Shiva. Il peut se constituer d'une combinaison d'ingrédients secs ou d'une pâte, réalisée à partir d'un mélange d'épices et d'autres éléments tels que du gingembre, de l'ail, de l'oignon ou du piment. Il en existe une grande variété, dont le garam masala, souvent utilisé pour les currys. À noter que ce dernier ne contient toutefois pas de curcuma, l'un des principaux ingrédients de la poudre de curry, qui donne cette teinte jaune si spécifique aux plats. En voici la recette, si vous souhaitez le composer vous-même, en passant l'ensemble de cette composition au mixeur après avoir torréfié à sec les graines de coriandre, cumin, cardamome, grains de poivre et clous de girofle dans une poêle antiadhésive. Veillez à conserver ensuite votre poudre dans un récipient hermétiquement fermé.

INGRÉDIENTS POUR 4 PERSONNES : 2 cuil. à soupe de graines de coriandre • 2 cuil. à soupe de graines de cardamome • ½ cuil. à soupe de grains de poivre noir • ½ cuil. à soupe de clou de girofle • ½ à 1 cuil. à soupe de graines de cumin • 2 bâtons de cannelle • ½ noix de muscade

HOMMES & FEMMES du MONDE

DÉCOUVRIR LES CHAMS POUR LA FÊTE DU TÊT

Les Chams (prononcer « tchame ») sont les survivants du puissant royaume de Champa, entre les IIe et XVIIe siècles, dans l'actuel centre du Viêt Nam. Le royaume s'étendait le long de la côte de l'actuel Viêt Nam, du col des Nuages, près de Hue, jusqu'au nord de Saigon. Aujourd'hui, les descendants vivent essentiellement de la pêche à Phnom Penh (Cambodge) et Kampong Cham, près du Mékong et constituent une minorité souvent expulsée pour permettre l'extension de la ville. Le musée de la Sculpture cham, à Da Nang, récemment rénové et incontournable lors d'une visite locale, témoigne de la richesse de cette civilisation et de son art millénaire.

FLASH MÉTÉO du monde

En février…

À Bangkok (Thaïlande)
De 24 à 32 °C
2 jours de pluie

À Séville (Espagne)
De 7 à 18 °C
5 jours de pluie

À Cape Town (Afrique du Sud)
De 16 à 26 °C
4 jours de pluie

CULTURE

Pourquoi appelle-t-on Marseille **la « cité phocéenne »** ?

En raison de ses fondateurs ! Le port de Marseille a en effet été créé vers -600 av. J.-C. par des marins grecs originaires de la ville de Phocée, en Asie Mineure, à l'ouest de la Turquie, fuyant les invasions perses de cette époque. Ils créèrent ainsi une cité riche de leurs savoirs phocéens, apportant avec eux leur religion, leur langue, mais aussi la culture de la vigne ou de l'olivier, des techniques de construction et des produits commerciaux méditerranéens tels que le vin ou les vases en céramique. Leur premier habitat s'installe alors dans l'actuel quartier dit du Panier. Les Romains attribuèrent, des siècles plus tard, à la future Marseille ce surnom de « cité phocéenne », fidèle à ses toutes premières origines, et il a perduré depuis.

Le Mucem et le fort Saint-Jean, à visiter impérativement.

MERVEILLES du PATRIMOINE

LE COLISÉE
SPLENDEUR DE LA ROME ANTIQUE

Le plus grand de tous les amphithéâtres romains conservés, bien qu'encerclé dans des rues encombrées, donne à voir au visiteur en un simple coup d'œil toute la splendeur de la Rome antique. **La fête des Lupercales, les 14 et 15 février, clôturait l'année religieuse.** Construit ultérieurement, à partir de 70, tandis que les peuples méditerranéens vivaient sous le joug romain et se fédéraient malgré leur diversité autour de la *mare nostrum*, il témoigne de la puissance de l'Empire et de sa grandeur avec une capacité d'accueil de 50 000 spectateurs. S'y déroulaient *venationes* – ces combats d'animaux sauvages incluant aussi gnous, girafes ou autruches –, *munera* – ceux de gladiateurs – et autres spectacles publics, des exécutions de condamnés aux reconstitutions de batailles célèbres, nautiques y compris... Pour son inauguration par l'empereur Titus en 80, les textes relatent que l'arène fut remplie d'eau pour accueillir des courses de chevaux et de taureaux spécialement entraînés à nager. Il fut ensuite continuellement employé dans ces fonctions de divertissement pendant près de 500 ans. Les nombreux tremblements de terre et les méfaits plus récents de la pollution ou de la surfréquentation ont eu raison de son intégrité. Il est le premier site italien visité avec plus de 7,5 millions de visiteurs annuels et bénéficie de restaurations régulières.

MERVEILLES du PATRIMOINE

MÉROÉ LES PYRAMIDES OUBLIÉES

Moins célèbres que leurs cousines de Gizeh, les pyramides de Méroé, cité antique de Nubie, témoignent du lointain royaume de Koush (sur une longue période autour du IVe siècle av. J.-C.), et de son vaste empire étendu du cœur de l'Afrique à la Méditerranée. Elles témoignent des riches échanges artistiques, architecturaux, religieux et linguistiques entre les deux régions. Hautes de 6 à 30 mètres, deux fois plus nombreuses – et pentues – que celles édifiées en Égypte, ces nécropoles abritent des rois et reines nubiennes, mystérieux pharaons noirs. Leur relatif bon état de conservation et leur histoire en font un site d'exception inscrit, avec les temples et bâtiments résidentiels voisins, au patrimoine mondial depuis 2003. **Février, milieu de la saison sèche dans la région, est idéal pour s'y rendre.**

À VOUS DE JOUER

Jeu des 7 capitales

De quel pays les villes suivantes sont-elles la capitale ?

1 Beyrouth
A. Liban
B. Libye
C. Liberia

2 Harare
A. Sierra Leone
B. Madagascar
C. Zimbabwé

3 La Havane
A. Malte
B. Cuba
C. Guinée

4 Riga
A. Lettonie
B. Lituanie
C. Estonie

5 Bucarest
A. Hongrie
B. Canada
C. Roumanie

6 Lusaka
A. Zambie
B. Angola
C. Kenya

7 Zagreb
A. Croatie
B. Estonie
C. Venezuela

RÉPONSES
1A. 2C. 3B. 4A.
5C. 6A. 7A.

BON VOYAGE

PARADIS DES CARAÏBES
L'ÎLE DE LA GRENADE

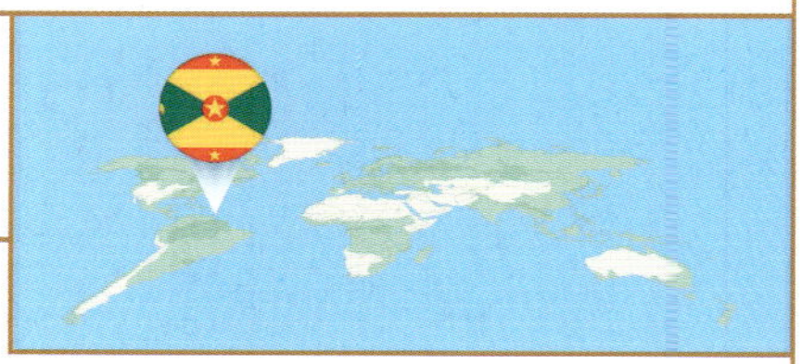

À la saison sèche, à l'extrême sud des Antilles, une plongée dans un univers de saveurs épicées… bordé d'eaux exceptionnelles, au sein d'un état insulaire riche de récifs de coraux multicolores et de plages spectaculaires pour les amateurs. Baptisée « Concepción » par Christophe Colomb et surnommée aujourd'hui encore « l'île aux épices ». Sa noix de muscade, sa cannelle, son clou de girofle, son curcuma et surtout son chocolat ont fait sa réputation internationale : l'occasion de randonnées pour découvrir les plantations à flanc de colline. La saison sèche, en début d'année, demeure la meilleure – même si hautement touristique –, pour visiter la Grenade.

GRANDS voyageurs

Gertrude Bell (1868-1926)
La « reine du désert »

Méconnue du grand public, cette archéologue passionnée et exploratrice influente du XXe siècle – elle a notamment participé à la fondation de l'Irak en 1919 – est pourtant l'une des grandes figures de la découverte du monde au siècle dernier.

Britannique née en 1868, elle devient à 20 ans à peine la première femme à obtenir un diplôme d'histoire moderne à l'université d'Oxford. Elle développe un intérêt tout particulier pour le Moyen-Orient, séjourne auprès de son oncle ambassadeur en Perse, y apprend les langues locales et participe aux fouilles de l'Empire ottoman. Véritable aventurière, aussi bien à l'aise dans ses rôles d'archéologue, d'historienne, que d'alpiniste, c'est aussi une femme politique, diplomate reconnue... espionne et agent de renseignements pendant la Première Guerre mondiale !

Personnage hors du commun, elle crée la surprise dans les arcanes du pouvoir, les médias de l'époque et détone dans le milieu très fermé de la diplomatie internationale. Écrivaine et témoin privilégié du statut des femmes au Moyen-Orient, elle dénonce dans ses écrits l'horreur de leur condition et leur statut dans la société. Affaiblie par la malaria et la dépression, elle meurt d'une overdose de médicaments en 1926, et reçoit les honneurs militaires à Bagdad où elle est enterrée. Figure sous-estimée, parfois contestée, elle demeure la « Lawrence d'Arabie féminine » et continue d'inspirer nombre de réalisateurs.

1001 ESPÈCES

Le wombat, menacé d'extinction

Petit marsupial d'Australie, cousin du koala et du kangourou avec sa poche ventrale, le wombat est à mi-chemin entre un ourson et une marmotte, muni d'une épaisse fourrure. Il passe le plus clair de son temps dans son terrier, qui peut atteindre des dizaines de mètres de long et se nourrit, en bon herbivore, de racines, mousses et écorces. La forme spécifique de son intestin lui vaut la réputation d'être le seul être vivant à produire des déjections cubiques... et jusqu'à 100 par jour ! Elles lui permettent de retrouver son chemin, grâce à un odorat très développé et une odeur spécifique à chaque membre de son espèce. Menacé d'extinction en raison du braconnage, et de ses prédateurs tels que le renard, le dingo ou le diable de Tasmanie, le wombat à nez poilu du Nord est le plus en danger des trois espèces existantes, avec moins de 300 individus encore en vie.

CULTURE

1 001 gentilés

Le nom que l'on donne aux habitants d'un lieu, le gentilé, est en général un dérivé simple et classique du toponyme, avec un court suffixe ajouté au nom du lieu concerné : les Parisiens pour Paris et les Marseillais pour Marseille. Pourtant, ils réservent pour bon nombre d'entre eux quelques surprises... car il n'existe pas de règle officielle pour les fixer. En effet, selon le site le Journal des Maires, « l'existence d'un gentilé ne peut être attestée que par l'enracinement dans la pratique langagière. Et, s'il n'est pas interdit d'acter un gentilé par délibération municipale, c'est avant tout l'usage qui prime ». C'est ainsi par exemple, comme le précise le site du magazine *GEO*, que « les habitants de Seine-Saint-Denis se qualifient davantage de "Neuf-troisiens" (en référence au numéro du département 93), que de Séquano-Dionysiens ». « Mais les gentilés ne sont gravés dans aucun marbre », rappelle le Journal des Maires. Ainsi, en 2008, les habitants de Vantoux, en Moselle, ont choisi, par consultation référendaire de se dénommer Vantousiens, à la place de l'ancien gentilé « Vandales ». De même, à Notre-Dame-de-Bellecombe, en Savoie, les Bellecombais tendent à devenir des Bellecombiens, probablement à cause du féminin qui est difficile à porter.
Retrouvez tout au long de cet almanach les originalités de ces gentilés à travers la France, qui témoignent aussi de la diversité régionale et de la richesse de la langue française pour les nommer !

TERRORS et BALADES • en France •

Eus, au pied du Canigou

Besoin de soleil en février ? Ce petit village des Pyrénées-Orientales, situé face au mont Canigou, orienté plein sud et protégé des vents dominants, telle la tramontane par de hautes montagnes, se classe régulièrement parmi les sites bénéficiant d'un ensoleillement maximal en France métropolitaine, à plus de 2 500 heures annuelles ! La construction des maisons en escalier permet qu'aucune ne souffre de l'ombre de la voisine, dans un village labellisé Plus Beaux Villages de France qui ne connaît pas le gel et où prospèrent cactus, agrumes ou bougainvillées. Chapelle et église d'Eus (prononcer « éouss ») sont classées monuments historiques, dans un site naturel de toute beauté, qui domine un vaste verger au pied du Canigou, riche de nectarines, pêchers, abricotiers ou pommiers. À découvrir, quelle que soit la saison.

EN PLEINE NATURE

L'EYJAFJALLAJÖKULL LE FURIEUX

Le nom – si compliqué pour les Français, et à prononcer très exactement « E-ya-fya-tla-yo-keutle » – de cette calotte glaciaire du sud de l'Islande s'est retrouvé sous les « feux » de l'actualité en 2010 par une éruption du volcan qu'elle recouvre. Après 187 ans d'inactivité, il a notamment plongé l'espace aérien dans une perturbation historique, avec 63 000 vols annulés et près de sept millions de voyageurs bloqués dans 313 aéroports. Il signifie littéralement « le glacier sur les montagnes proches des îles », en l'occurrence les îles Vestmann, situées au sud-ouest de cette montagne-volcan.

Si l'Islande possède plus de 200 cratères, dont 130 actifs, seuls quelques-uns entrent régulièrement en éruption, avec des conséquences heureusement moins spectaculaires que celles-ci. Sur les bandes de terre du sud de la capitale Reykjavik, des volcans en inactivité depuis plus de 1 000 ans ont vu leurs éruptions soudaines et intenses se multiplier ces toutes dernières années et demeurent sous grande vigilance. Un remarquable catalogue visuel et interactif des volcans d'Islande a été mis en ligne, né de la collaboration entre l'université d'Islande, Météo Islande et la Protection civile, à consulter sur https://icelandicvolcanos.is/

Dépaysement garanti en février !

MERVEILLES du PATRIMOINE

LE BOUTRE
NAVIRE DE LA MER ROUGE

Cette variété de navires très différents les uns des autres, en général originaires de la mer Rouge, a pour point commun une construction en bois et le gréement d'un ou plusieurs mâts portant chacun une voile triangulaire ou trapézoïdale. Cette voile dite « voile arabe », semblable à la voile latine dont la pointe avant aurait été tronquée est caractéristique du boutre (aussi appelé *dhow*). Principalement utilisées pour la pêche et le cabotage, ces embarcations existent depuis plus de mille ans et ont connu commerce, trafics, pirates et autres contrebandes… mais aussi tout récemment courses traditionnelles dans le golfe de Dubai, en souvenir du commerce de la perle auquel ces bateaux ont activement participé au cours de leur histoire.

TRADITIONS DU MONDE

L'art du bois des ZAFIMANIRY

Le village d'Ifanisa, à Madagascar.

En février, pleine saison des pluies qui rendent l'activité agricole plus difficile, sur les hauts plateaux boisés du sud-est de Madagascar, à plusieurs heures de marche des villages les plus proches, les Zafimaniry cultivent un savoir-faire unique au monde, derniers dépositaires d'une tradition reconnue et inscrite au patrimoine de l'humanité par l'Unesco : le travail du bois. Apanage des hommes depuis des générations, forestiers, charpentiers et artisans utilisent tour à tour une vingtaine d'espèces locales pour créer des pièces uniques, conçues, montées et richement sculptées pour le quotidien de la communauté, des tabourets aux cercueils en passant par les maisons toutes ainsi assemblées. Ces créations, jusqu'aux statuettes et objets décoratifs proposés aux touristes, sont ornées de motifs raffinés, représentatifs du rôle ou de la position sociale de chacun au sein du groupe, mais aussi des croyances ancestrales des Zafimaniry : ainsi le *tanamparoratra*, fine toile d'araignée, symbolise les liens familiaux, tandis que le *papintantely* (rayon de la ruche) représente la vie communautaire. L'exode rural et la déforestation mettent aujourd'hui en danger la perpétuation de ce savoir-faire d'exception.

À VOUS DE JOUER

Mini-jeu

Retrouvez les noms de ces pays d'Europe en remettant dans l'ordre les lettres qui ont été classées par ordre alphabétique :

1 ACEFNR
_ _ _ _ _ _

2 EEILNOTT
_ _ _ _ _ _ _ _

3 ACEIORT
_ _ _ _ _ _

4 ADEILNR
_ _ _ _ _ _ _

5 AELMT
_ _ _ _ _

RÉPONSES

1 FRANCE 2 LETTONIE 3 CROATIE 4 IRLANDE 5 MALTE

> « Le voyageur voit ce qu'il voit, les touristes voient ce qu'ils sont venus voir. »

GILBERT KEITH CHESTERTON, ÉCRIVAIN

FÉVRIER

Des invitations à voyager

Février, avec ses journées courtes et ses températures glaciales dans l'hémisphère Nord, est le mois idéal pour s'évader et répondre à l'appel du voyage que proposent depuis toujours les grands écrivains : laissez-vous inspirer par ces citations de leur cru !

Roys Peak (Nouvelle-Zélande) à découvrir de décembre à octobre, est très prisé pour l'ornithologie et la randonnée.

Citations mystères

❶ Vous disposez de lettres à répartir dans chaque colonne située au-dessus d'elles dans la grille (par exemple les 2 seules lettres manquantes dans la 1ère colonne, proposées en dessous de cette colonne, sont un V et un C, et il faut ensuite placer dans la 2e colonne, au bon endroit, deux O et un S, etc.), dans un ordre à retrouver par vous-même, pour constituer la phrase mystère, une citation de Jules Barbey d'Aurevilly, écrivain français du XIXe siècle.

■	■	Q		'				-			■	E		■								■			'			■	■
								■	?	■		'				■			■						■				■
■		'			■			■		H					E		■			■					■			■	■
						S				O	N	■		U	■					■		U	■		O				.

			V				A						N					U			O			M		Q	E		
	O		U	G	E	V	A		C				A			É	U	É	N		D		Q	T		D	U		
V	O	N	E	N	E	U	R		C		C		C	S	G	R	N	U	T	A	L	M	M	E		N	D	E	
C	S	Y	A	E	R	S	T	A	I	E	E	R	E	H	T	B	O	N	R	H	B	O	U	U		U	N	I	

❷ À chaque lettre de l'alphabet correspond un nombre unique : reportez-les au fur et à mesure dans la grille pour retrouver cette citation de Damien Personnaz, géographe franco-suisse, sur l'humilité du voyageur.

A	B	C	D	E	F	G	H	I	J	K	L	M	N	O	P	Q	R	S	T	U	V	W	X	Y	Z
								19						12			11								

_ O _ _ _ _ R ' _ _ _ _ O I R _ _
8 12 13 24 14 5 11 22 5 21 20 8 12 19 11 18 5

_ O _ _ _ _ _ _ _ _ ' _ _ _ _ _
10 12 26 25 5 20 5 18 6 17 19 18 5 21 20

_ _ _ O _ _ _ _ _ O _ _ _ O _
5 20 26 12 26 15 24 21 22 12 10 10 5 12 26

_ O _ _ _ _ I _ _ _ ' I _ _ O I _
8 12 17 25 11 24 19 20 6 17 19 18 21 12 19 20

Solution : voir p. 323

Mots mêlés

Étape 1

Retrouvez dans cette grille tous les mots indiqués ci-dessous, qui correspondent à des sujets abordés quelque part dans cet almanach ! Les mots sont à l'horizontale de droite à gauche ou de gauche à droite, à la verticale de haut en bas ou de bas en haut, en diagonale, et une même lettre peut servir à plusieurs mots.

CHÂTEAUX
CLOWN
COLOMBIE
CRABEYÉTI
DOMTOM
FORTROUGE
GARES
JALOUSIE
KAKADU
MOREMI
OPHIURE
PAMUKKALE
PAPRIKA
PARESSEUX
PROVERBE
RORBU
SAINTTHOMAS
SIGIRYA
SINAÏ
SPIROGRAPHE
TAUPE
UTEPILS
VALPARAISO
YUZU

S	P	I	R	O	G	R	A	P	H	E	O	X	N	V
O	M	R	X	U	E	S	S	E	R	A	P	U	Y	A
G	E	O	O	P	C	Y	U	Z	U	I	P	A	O	U
R	C	H	R	V	A	L	A	N	G	T	E	E	K	R
N	O	N	D	E	E	P	O	E	L	E	U	T	A	I
S	E	R	A	G	M	R	R	W	E	Y	T	A	K	J
R	O	R	B	U	U	I	B	I	N	E	E	H	A	A
F	O	R	T	R	O	U	G	E	K	B	P	C	D	L
M	E	P	U	A	T	A	I	S	D	A	I	I	U	O
E	I	B	M	O	L	O	C	M	D	R	L	E	E	J
A	Y	R	I	G	I	S	S	K	O	C	S	T	I	S
O	P	H	I	U	R	E	J	L	K	T	U	W	I	I
S	A	I	N	T	T	H	O	M	A	S	M	N	D	E
O	S	I	A	R	A	P	L	A	V	S	A	O	F	N
E	L	A	K	K	U	M	A	P	P	I	N	Y	D	G

Étape 2

Découvrez avec les lettres restantes dans la grille, lues dans l'ordre de gauche à droite, ligne après ligne de haut en bas, une citation d'Hippolyte Taine.

Solution : voir p. 321

La baie de Phang-Nga, en Thaïlande, abrite une biodiversité d'une extrême richesse.

Plantations de thé, non loin de la ville d'Hatton, au Sri Lanka, pays qui commémore tous les 4 février son indépendance (acquise en 1948).

Mars

Ce mois-ci, la folle fête des Fallas à Valence (p. 74) bat son plein et les sommets de l'Aconcagua (p. 64), comme le gouffre du Démon (p. 76) seront accessibles aux plus aguerris et aventureux. La *sobremesa* (p. 64) inspirera sans doute tous les autres, tout comme diverses découvertes que vous proposent les pages à venir, du dik-dik (p. 71) à la pieuvre Dumbo (p. 66) en passant par un petit panorama de la francophonie (p. 73), dont on célèbre autour du 20 mars chaque année la Journée internationale...

Éphéméride express

N'oublions pas à travers le monde :

- **8 mars.** Journée internationale des femmes (découvrez la pharaonne p. 67).
- **17 mars.** Saint Patrick's Day, en l'honneur du saint patron de l'Irlande.
- **25 mars.** Fête de l'Indépendance de la Grèce.
- **Carnaval de Venise.** 10 jours avant le mercredi des Cendres, jusqu'à Mardi gras (généralement de fin février à début mars).
- **Mardi Gras (dates variables, vers fin février-début mars),** largement célébré à La Nouvelle-Orléans notamment, avec parades colorées, bals et galettes.
- **Holi (dates variables, généralement en mars).** Fête des couleurs hindoue célébrant l'arrivée du printemps, principalement en Inde.

← L'île de Gorée au Sénégal, très agréable à visiter au mois de mars.

BON VOYAGE

L'ACONCAGUA GÉANT ARGENTIN

Esprits aventureux, bienvenue ! À près de 7 000 mètres d'altitude culmine l'Aconcagua, deuxième sommet le plus haut du monde après ceux de l'Himalaya, au cœur de la Cordillère des Andes. Température moyenne ? -27 °C. Ville la plus proche ? À 110 kilomètres. Et pourtant, le gravir est une activité très prisée par des milliers de touristes, car accessible aux randonneurs en bonne condition physique, par trois voies de niveaux variés. **La meilleure période pour l'escalader est l'été austral, qui s'achève en mars.** Quinze jours sont nécessaires pour parvenir au sommet. Des agences spécialisées proposent un encadrement quasi indispensable pour parvenir à cette ascension, et profiter des vues somptueuses qu'elle offre aux alpinistes les plus téméraires... et les plus aguerris !

• MOTS D'AILLEURS •

Sobremesa

(espagnol)

« Après le repas, le moment où l'on sert le café et les digestifs et où les convives s'attardent à table, bavardent ou regardent la télévision est appelé *sobremesa* », précise le *Larousse*. Une tradition typiquement espagnole, voire méditerranéenne, de prolonger l'après-repas, avec selon les habitudes de la région concernée café, thé ou petite liqueur en accompagnement. Témoin de cette pause généralisée, c'est d'ailleurs également l'un des pics d'audience télévisée pour les chaînes du pays !

1001 ESPÈCES

LA PIEUVRE DUMBO, DANS LA NUIT DES ABYSSES
(Grimpotheutis)

Il reste quantité d'espèces mystérieuses dont l'homme connaît l'existence mais dont l'observation est rarissime. La pieuvre Dumbo en est un bon exemple. Il s'agit d'un animal extrêmement rare, que seuls quelques scientifiques ont pu voir et immortaliser en vidéo, notamment au cours de la récente exploration du volcan sous-marin inactif Davidson, au large des côtes californiennes. Ces experts qui mènent des expéditions à bord de navires océanographiques pour découvrir et cartographier des fonds marins inexplorés ont pu y croiser ce petit animal fantomatique, encore très mal connu.

Il mesure en effet à peine 20 à 30 centimètres et vit au plus profond des océans, entre 1 000 et… 7 000 mètres de fond, dans un milieu obscur et hostile d'accès très difficile pour l'homme. Jamais aucun céphalopode n'avait d'ailleurs été aperçu à une telle profondeur auparavant. Il se nourrit de plancton et de vers du « plancher océanique », et est surnommé « pieuvre Dumbo » en raison de ses deux nageoires protubérantes situées sur la tête, allusion aux oreilles du célèbre éléphanteau de Disney, employées comme des ailes. Avec des nageoires presque translucides, l'élégance de la nage du *Grimpoteuthis*, dans la nuit profonde des abysses, donne aussi cette illusion d'un animal en plein vol, venu de temps des plus reculés, et d'un écosystème entier encore à découvrir.

> « Chaque soir, espérant des lendemains épiques,
> L'azur phosphorescent de la mer des Tropiques
> Enchantait leur sommeil d'un mirage doré. »

JOSÉ-MARIA DE HEREDIA, homme de lettres

GRANDS voyageurs

Hatshepsout (XVe siècle av. J.-C) La pharaonne bâtisseuse

Elle est l'une des rares femmes pharaonnes de l'Égypte (cinq au total, parmi plus de 200 souverains), dont le long règne de 22 ans est notamment marqué par ses explorations, à la découverte de l'Afrique. Au XVe siècle av. J.-C., elle lance ainsi une expédition au pays de Pount, les actuelles Somalie et Éthiopie : les navires royaux, propulsés par leur large voile carrée si caractéristique, en rapportent des trésors exotiques variés, or, ivoire, ébène... – et même une girafe –, créant ainsi de nouvelles routes commerciales vouées à perdurer les siècles suivants. Elle fait représenter à ses plus grands artistes cette expédition et les détails de ce voyage : dessins sur papyrus et hiéroglyphes en témoignent aujourd'hui encore.

Le goût de GÉO

GRANOLA MAISON

Après les plats copieux de l'hiver, mars est le temps idéal pour intégrer des aliments sains dans votre alimentation. Ce granola riche en fibres, en protéines et en nutriments essentiels, est une excellente option ! Ce mélange de graines d'oléagineux, d'avoine et de miel est le cousin américain du muesli, d'origine suisse. Les hippies américains l'ont adopté dans les années 1960, au point qu'il est devenu leur surnom en argot local. Contrairement à ce dernier, le granola est passé au four pour rendre les pépites croustillantes, avec une adjonction de sucre (miel, sirop d'érable...) qui le rend certes moins diététique... mais plus gourmand et savoureux.

INGRÉDIENTS POUR 1 BOCAL :
100 g d'amandes concassées • 180 g de flocons d'avoine • 60 g de graines de tournesol • 2 cuil. à soupe d'huile de coco • 3 cuil. à soupe de miel ou de sirop d'érable selon vos préférences • Quelques épices selon vos goûts (vanille, cannelle...)

1. Préchauffez le four à 160 °C.
2. Mélangez les amandes, les flocons d'avoine et les graines de tournesol dans un grand bol. Ajoutez les épices, l'huile de coco et le miel ou le sirop d'érable et remuez bien l'ensemble.
3. Répartissez le mélange sur une plaque de cuisson. Enfournez environ pendant 30 minutes en remuant toutes les 5 minutes.
4. Laissez refroidir complètement : votre granola maison est prêt.

LE + GEO : évitez les flocons d'avoine à cuisson rapide, moins croustillants... et ajoutez en toute fin de cuisson quelques carrés de chocolat coupés en petits dés ou râpés. Bonne dégustation !

MERVEILLES du PATRIMOINE

SHIBAM
LA « MANHATTAN DU DÉSERT »

Mars marque le début du printemps, une période essentielle pour l'agriculture dans la vallée de l'Hadramaout où se situe Shibam. Cette ville située au Yémen doit son nom à ses impressionnants « gratte-ciel » de brique crue séchée au soleil, de terre et de bois et constitue l'un des plus précieux exemples architecturaux au monde d'urbanisme fondé sur la construction en hauteur… datant du XVIe siècle ! Née au temps du Christ, puis capitale de l'Hadramaout au IIIe siècle, étape clé sur le parcours caravanier des routes des épices et de l'encens, elle s'est développée dans un cadre rectangulaire très structuré, avec des tours de quatre à huit étages au sein d'un mur d'enceinte. Les intempéries et les crues du fleuve qui l'alimentent l'ont fréquemment délabrée, et la faible population d'environ 7 000 habitants ne peut contribuer seule à son sauvetage. Un ambitieux programme de l'Unesco tente aujourd'hui de réhabiliter les maisons privées traditionnelles de ce site.

EN PLEINE NATURE

Ginkgo biloba au Japon.

LE GINKGO BILOBA D'HIROSHIMA

Alors que le printemps s'installe, cet arbre mythique commence à déployer ses feuilles, symbole puissant de résilience et de renouveau : un ginkgo unique au monde, entré dans la légende après le 6 août 1945. Date à laquelle les États-Unis larguaient la première bombe atomique de l'histoire sur la ville japonaise de Hiroshima. L'arbre planté dans le jardin historique Shukkei-en du centre-ville, à moins de deux kilomètres de l'épicentre de l'explosion, a résisté aux radiations et fut parmi les premiers végétaux à bourgeonner aux printemps suivants. Seule la partie de cet arbre vénérable en direction de l'impact de la bombe n'a pas de branche. D'une douzaine de mètres de haut, il pousse au milieu d'un escalier en béton dont les propriétaires ont dû déjà par trois fois adapter la forme, tant l'arbre poursuit inexorablement sa croissance.

Le nom de ginkgo viendrait soit d'un mot japonais dérivé du chinois *Gin Yyo*, « patte de canard » en allusion à la forme de la feuille, soit d'un mot chinois *yin kuo* signifiant « fruit d'argent ». Cette espèce aujourd'hui considérée en danger est l'une des plus anciennes lignées d'arbres sur la planète, déjà présents voilà plus de 270 millions d'années, qui a donc traversé les différents ères et bouleversements géologiques. Sa longévité exceptionnelle et ses propriétés médicinales fascinaient déjà les botanistes des siècles passés et intéresse aujourd'hui les chercheurs au plus haut point : une récente publication scientifique a mis en évidence des mécanismes moléculaires spécifiques de lutte contre le vieillissement, des systèmes de défenses ultra-efficaces contre les pathogènes et surtout, une prodigieuse résistance à la sécheresse… et donc aux changements climatiques. De quoi sérieusement consolider sa réputation d'arbre immortel pour les décennies à venir…

1001 ESPÈCES

LE DIK-DIK DE KIRK

Genre d'antilope naine vivant dans les savanes de l'est et du sud-ouest de l'Afrique, très svelte et d'un pelage brun ou gris-rougeâtre, le dik-dik doit son nom au petit bruit qu'il émet lorsqu'il est en danger. Herbivore, vif et rapide, il peut atteindre 50 km/h en présence d'un prédateur comme la hyène ou le chacal, grâce à une technique originale : il s'immobilise puis détale subitement en faisant des sauts et des courses en zigzag, s'immobilise de nouveau et recommence jusqu'à ce que son ennemi se lasse ! Le dik-dik peut vivre jusqu'à 10 ans, et passe toute sa vie en couple monogame... Certaines légendes en Namibie racontent même que si l'un des deux meurt, l'autre se laisse mourir de chagrin. Sa population est stable, il n'est de ce fait pas considéré aujourd'hui comme une espèce menacée.

À VOUS DE JOUER

Trouvez l'intrus

❶ Parmi ces espèces, laquelle n'existe pas ?

A. Le rat casqué
B. Le poisson chauve-souris
C. Le serpent pénis

❷ Parmi ces pays, lequel n'a pas du tout la même superficie que les deux autres ?

A. Islande
B. Hongrie
C. Espagne

RÉPONSES

❶A. ❷C. (L'Espagne est cinq fois plus grande que les deux autres pays).

FLASH MÉTÉO du monde

En mars...

À Tokyo (Japon)
de 6 à 14 °C, 9 jours de pluie

À Marrakech (Maroc)
de 10 à 22 °C, 7 jours de pluie

À Vancouver (Canada)
de 4 à 12 °C, 18 jours de pluie

MIRISSA, OBERVATOIRE DE LA FAUNE MARITIME

La saison sèche, de décembre à mi-mars, est idéale pour se rendre à Mirissa, sur la côte sud du Sri Lanka, sans doute la plus belle plage du pays, à peu près épargnée par le tsunami de 2004. Un véritable paysage de carte postale, avec eaux turquoise, sable fin doré et cocotiers, aux abords d'un petit village de pêcheurs, qui pratiquent traditionnellement leur pêche sur échasses. La présence de tortues, de dauphins, de raies manta ou d'orques comblera les amateurs de faune marine. Sans oublier le passage des baleines bleues au large, dans un ballet toujours édifiant.

• MOTS D'AILLEURS •

Tous francophones !

Le 20 mars se tient chaque année la journée de la francophonie… Bien des expressions de pays francophones pourraient prêter à confusion en France métropolitaine si on les y prenait au pied de la lettre… Saurez-vous les définir ?

1 Si un ami belge vous parle de quelqu'un qui n'a pas « toutes ses frites dans le même sachet », vous en déduisez…

A. Qu'il n'a pas les deux pieds dans le même sabot.
B. Qu'il n'a pas la lumière à tous les étages.
C. Qu'il n'a pas sa langue dans sa poche.
D. Qu'il n'a pas toutes les cartes en main.

2 On dit de ce guide québécois qu'il « parle à travers son chapeau », vous en déduisez…

A. Qu'il est très discret.
B. Qu'il parle à tort et à travers.
C. Qu'il va vous soutirer des informations.
D. Qu'il est très snob.

3 En Suisse, « donner une bonne-main », c'est…

A. Être chanceux aux cartes.
B. Laisser un pourboire.
C. Aider son interlocuteur.
D. Gifler quelqu'un.

RÉPONSES
1 B. 2 B. 3 B.

CULTURE

Surprenants gentilés

Si le nom que l'on donne aux habitants d'un lieu, le gentilé, est très majoritairement un simple dérivé du toponyme initial, avec un court suffixe ajouté au nom du lieu concerné, il témoigne aussi parfois de l'histoire des lieux, donnant lieu à des appellations plus « exotiques » ! Ainsi, à Longcochon, dans le Jura, « la commune, qui était initialement appelée Longcouchant du fait de sa situation géographique lui permettant de suivre le coucher du soleil, a décidé de conserver son gentilé les « Couchetards ». Aussi, à Villedieu-les-Poêles, dans la Manche, les habitants se nomment les Sourdins, en référence au martelage répétitif du cuivre lié aux activités de poêlerie et de fonderie et auraient ainsi rendu les habitants sourds », précise le site du magazine *GEO*. Formant donc un duo de Couchetardes… et de Sourdines, lorsque l'on dénomme les habitantes locales !

ZOOM SUR… ZOOM SUR… ZOOM

L'équinoxe
19-21 mars

En cette période, selon les années, survient l'équinoxe de printemps dans l'hémisphère Nord : c'est le moment où le Soleil passe à la verticale de l'équateur terrestre. Un mot qui provient du latin : *æquinoctium*, de *æquus* (égal) et *nox* de *noctis* (nuit), pour cette journée particulière lors de laquelle la « nuit est égale (au jour) ».

LA FOLLE FÊTE DES FALLAS
VALENCE

Dès début mars se prépare une folle fête populaire, célébrée tous les ans depuis le XVe siècle sur l'initiative des confréries de charpentiers locaux, dans les rues de Valence et une centaine de villes de la communauté valencienne : les *fallas*. Pendant les mois qui précèdent, des artistes créent de gigantesques statues, souvent satiriques en fonction de l'actualité politique et sociale, à base de bois, de papier mâché, d'argile, de tissu… jusqu'au 15 mars où elles sont montées de nuit lors de la *plantà*. Plus de 350 *fallas* défilent alors à compter du 16 au matin puis les jours qui suivent, avec force concerts de rue, paellas, ou événements festifs… et pétaradants, tous les jours notamment lors de la *mascletà*, une animation pyrotechnique de pétards qui jalonne les journées de festivités. L'apogée des fêtes a lieu pour la saint Joseph, patron des charpentiers, le 19 mars, à minuit, lorsque toutes les statues sont brûlées sauf une, celle jugée la plus belle, qui bénéficiera d'un bref temps de sursis avant d'être embrasée à son tour… comme les quelques spécimens que chaque quartier souhaite conserver en souvenir de ses *fallas*.

Ces fêtes sont désormais inscrites au patrimoine mondial immatériel de l'Unesco pour la valeur de leurs sculptures éphémères, mais aussi pour les savoir-faire associés à cette pratique transmis dans les familles, en particulier celles qui interviennent dans la construction des *ninots*, regroupées en plusieurs guildes au sein des communautés participantes. La fête des Fallas est « propice à la créativité collective et à la sauvegarde des arts et artisanats traditionnels. » L'ultime *Nit de foc*, nuit de feu, particulièrement spectaculaire par ses feux d'artifice et ses embrasements, clôt les festivités : une occasion idéale pour visiter Valence et sa région sur quelques jours.

> « La véritable raison qui me fait cheminer n'a de sens qu'en elle-même. Elle s'appelle le plaisir… Je marche par plaisir et j'en profite pour méditer. »

YVES PACCALET, *écrivain*

EN PLEINE NATURE

LA BAIE DU GHOUBBET
LE GOUFFRE DU DÉMON

Le long des côtes de Djibouti, au sud de la mer Rouge, cette somptueuse baie est séparée du golfe de Tadjourah par un courant violent. Elle se trouve à proximité de l'Ardoukôba, un tout jeune volcan actif né en 1978 , ainsi baptisé par Haroun Tazieff, sur un site remarqué des géologues et des passionnés de volcanologie. Le contraste entre les pierres noires et les criques de sable fin, rivages d'eaux turquoise, participe à la beauté envoûtante des lieux. **En mars, les conditions météorologiques sont propices aux activités en plein air et aux explorations marines.** Silure, carpe, tilapia... voire requins y font le bonheur des touristes, qui poussent parfois jusqu'aux îles du Diable, deux petits bouts de terre volcanique propices à la randonnée le temps d'une visite. Pourtant, certains pêcheurs locaux ne s'aventurent toujours pas sur ces terres dites maudites, aux contes et légendes tenaces et terrifiants : demeure du diable, lieu maléfique infesté de démons et de djinns invisibles font partie des mystères qui entourent ce site exceptionnel et préservé, dont le nom signifie... gouffre du Démon.

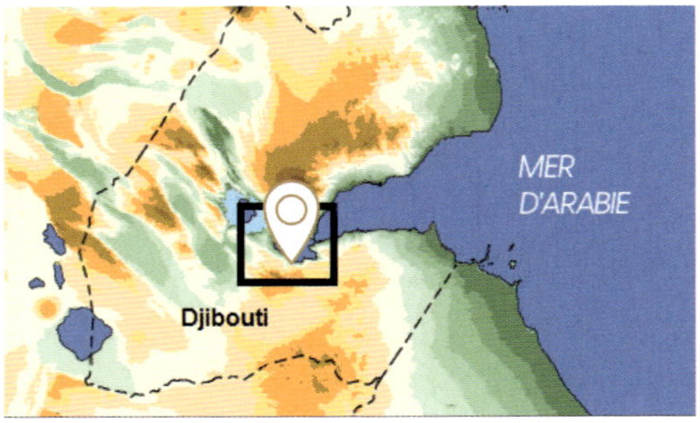

TERROIRS et BALADES • en France •

Ça coule à Coulommiers

Tous les ans depuis bientôt 60 ans se tient fin mars la Foire internationale aux fromages et aux vins à Coulommiers (Seine-et-Marne), deuxième foire agricole d'Île-de-France après le Salon de l'Agriculture, qui met à l'honneur les spécialités fromagères et viticoles régionales. Environ 200 exposants et artisans des métiers de bouche présents à cette occasion, pour le régal de dizaines de milliers de gastronomes, venus pour déguster produits du terroir et profiter d'animations, concours et autres activités conviviales, sous l'œil circonspect d'animaux d'élevage : un événement incontournable du terroir briard.

• MOTS D'AILLEURS •

Prozvonit

(tchèque)

Un verbe unique en son genre ! Il désigne le fait d'appeler un numéro de téléphone, et laisser suffisamment peu sonner pour pouvoir raccrocher avant que l'interlocuteur ne décroche… soit pour faire s'afficher son numéro sur son appareil et qu'il en dispose, soit pour certains en espérant simplement que la personne rappellera, et économiser ainsi son propre forfait ou le coût de l'appel. Une technique certes moins utile à l'heure des forfaits illimités, mais néanmoins efficace, qui participe aussi à l'emploi de ce verbe bien spécifique en République tchèque !

Le goût de GÉO

HOUMOUS (Moyen-Orient)

Une recette végétarienne facile et idéale pour l'apéritif ou un premier pique-nique de printemps, principalement composée de pois chiches, mixés avec de l'ail, de l'huile de sésame et du jus de citron. Recette typique du Moyen-Orient.

INGRÉDIENTS POUR 4 À 5 PERSONNES :
300 g de pois chiches • 2 cuil. à soupe de tahin (crème de sésame) • le jus de ½ citron • 3 cuil. à soupe d'huile d'olive • 2 gousses d'ail • sel, poivre • ½ cuil. à café de cumin (en option) • huile de sésame (en option)

1. Mixez les pois chiches égouttés, en ajoutant éventuellement un peu d'eau d'égouttage. Ajoutez le tahin, le jus de citron, l'ail épluché, 1 pincée de sel, 1 pointe de poivre et le cumin.

2. Poursuivre le mixage en incorporant l'huile d'olive peu à peu, jusqu'à obtenir une texture homogène et crémeuse.

3. Selon les goûts, couvrez le houmous d'un peu d'huile de sésame et de cumin. Régalez-vous !

BON VOYAGE

L'ARCHIPEL DE LOS ROQUES
UN EDEN SUR TERRE

Plages de sable blanc, étendues bleues des Caraïbes, une destination idyllique toute l'année, plus particulièrement de février à avril en saison sèche : c'est le parc national de Los Roques, archipel vénézuélien situé dans la mer des Caraïbes, à environ 160 kilomètres au nord de la capitale Caracas. Une zone protégée composée de centaines de petites îles, autour d'un somptueux lagon de 400 km². Authentique sanctuaire de la vie sauvage, peuplé par des pêcheurs et quelques riches élus conquis par ce paradis terrestre, l'archipel comporte un récif corallien très prisé des amateurs de plongée.

MARS

Beautés naturelles en France

En mars, la France offre une multitude de beautés naturelles particulièrement remarquables à cette période de l'année, à découvrir au sein de ses nombreux parcs naturels régionaux, créés le 1er mars 1967 pour protéger et mettre en valeur ces grands espaces ruraux habités.

Les gorges du Verdon, Provence, France.

Mots mêlés

La France compte 58 parcs naturels régionaux. Retrouvez-en le maximum dans la grille ci-dessous… avec ou sans l'aide de l'indice figurant en bas de page. Au total, 33 à retrouver ! Les mots sont à l'horizontale de droite à gauche ou de gauche à droite, à la verticale de haut en bas ou de bas en haut, en diagonale, et une même lettre peut servir à plusieurs mots.

Solution : voir p. 321

B	H	A	U	T	J	U	R	A	P	E	R	C	H	E	L	Q	G
F	A	W	I	R	R	X	N	A	H	I	B	R	O	M	O	S	A
F	S	L	V	S	E	N	N	E	D	R	A	C	N	V	R	E	T
N	E	D	L	W	L	S	P	M	Z	B	I	A	I	E	R	S	I
O	R	U	X	O	B	A	U	I	Y	B	V	R	X	R	A	S	N
D	E	F	Q	R	N	F	N	E	L	D	N	B	E	C	I	U	A
R	I	G	I	I	B	S	O	D	R	A	Q	U	V	O	N	A	I
E	B	E	W	G	R	S	D	R	E	T	T	A	N	R	E	C	S
V	R	G	V	E	E	O	E	E	E	S	R	S	S	S	V	O	W
E	O	T	S	C	N	V	M	G	S	T	E	A	D	B	K	J	O
R	C	R	S	A	N	E	E	R	U	V	D	N	H	N	V	K	A
W	O	P	V	M	E	N	R	N	A	A	O	O	O	C	A	L	W
C	O	R	B	S	A	R	Y	E	U	Q	B	S	R	D	P	R	Y
I	O	X	V	Y	N	O	R	E	B	U	L	X	G	I	R	P	G
M	C	E	U	Q	I	N	I	T	R	A	M	J	L	E	E	E	N
E	U	G	R	A	M	A	C	U	K	E	K	L	U	G	S	N	V
D	O	U	B	S	H	O	R	L	O	G	E	R	D	D	Z	X	T
Y	S	K	T	B	A	I	E	D	E	S	O	M	M	E	T	K	T

INDICE : voici la liste de tous les parcs figurant dans cette grille : Alpilles • Ardennes • Armorique • Aubrac • Avesnois • Baie de Somme • Ballons des Vosges • Bauges • Brenne • Brière • Camargue • Causses • Chartreuse • Corbières (-Fenouillèdes) • Corse • Doubs Horloger • Forêt d'Orient • Gâtinais (français) • Grands • Guyane • Haut Jura • Landes (de Gascogne) • Lorraine • Luberon • Martinique • Morbihan (Golfe du) • Morvan • Perche • Pilat • Queyras • Vercors • Verdon • Vexin

Le site naturel américain Monument Valley, à la frontière de l'Arizona et de l'Utah.

Avril

La période des pèlerinages s'achève ce mois-ci au pic d'Adam (p. 87), tandis qu'à des milliers de kilomètres de là, le hanami (p. 88) envahit la plupart des grandes villes japonaises : en avril, le mois où « les fleurs commencent à s'ouvrir », le printemps est propice aux escapades plus ou moins lointaines, du mont Aigoual (p. 100) ou du Routo (p. 93) au Kwazulu-Natal (p. 98) ou au Cambodge (p. 92)... Bon voyage !

Éphéméride express

N'oublions pas à travers le monde :

Mi-avril : Nouvel An khmer, nom officiel des fêtes de la nouvelle année au Cambodge. Elles durent trois jours. Les dates sont fixées chaque année selon l'ancien horoscope (p. 92).

- **23 avril.** Journée mondiale du livre et du droit d'auteur (p. 96).
- **25 avril.** ANZAC Day. En Australie, Nouvelle-Zélande, commémoration de la sanglante bataille de Gallipoli pendant la Première Guerre mondiale.
- **27 avril.** Freedom Day, Afrique du Sud (p. 98).
- **Hanami (fin mars-début avril).** Japon, floraison des cerisiers, festivals (p. 88).
- **Pessah (fin mars-avril).** Pâque juive.
- **Semaine sainte (courant avril, dates variables).** Espagne avec processions, célébrations.

← Fujiyoshida, au pied du mont Fuji, Japon, au moment de la floraison des cerisiers.

BON VOYAGE

LE PIC D'ADAM UNE ASCENSION HORS NORME

Adam's Peak, le pic d'Adam – également connu sous le nom de Sri Pada –, plus haute montagne du Sri Lanka, surplombe le pays à 2 243 mètres d'altitude, avec une somptueuse vue sur tous les sommets alentour.

Ce site est considéré comme un lieu saint par bien des religions – hindous shivaïtes, bouddhistes ou musulmans par exemple – qui estiment l'imposante cavité creusée dans la roche à son sommet comme une « empreinte de pied », laissée par Adam pour les uns, Bouddha, Shiva ou saint Thomas pour les autres, selon les époques et les confessions des pèlerins qui s'y relaient au fil des ans. Le pic est situé au sud-ouest de l'île et son ascension se réalise depuis la ville de Nuwara Eliya, par des milliers de marches qui mènent jusqu'au sommet : près de 5 500 à gravir ! **La période des pèlerinages court de décembre à mi-avril,** le site étant ensuite bien plus calme en dehors de la fête de Vesak, mi-mai, mais la visibilité également bien moins bonne que sur cette période sèche de début d'année idéale pour la visite.

Prévoyez plusieurs heures et de bonnes réserves d'eau pour cette ascension, réalisable de nuit pour admirer le lever du soleil au sommet : la garantie d'une expérience presque mystique pour capter l'atmosphère et l'ambiance si spirituelles et mystérieuses des lieux.

TRADITIONS DU MONDE

Le hanami ou la contemplation des fleurs

Coutume incontournable au Japon perpétuée depuis des siècles, le *hanami* (littéralement, « regarder les fleurs ») consiste à apprécier la beauté des fleurs, de cerisier notamment (les *sakura*), et par extension pique-niquer, partager, savourer le spectacle de la nature lors de la plus belle saison de l'archipel.

La floraison des cerisiers débute en février vers Okinawa et se poursuit jusqu'en mai à Hokkaido, et début avril dans les principales villes (Kyoto, Hiroshima, Tokyo). Les Japonais multiplient alors les rencontres festives, amicales, familiales pour déjeuner sous les arbres ployant de fleurs, et les commerces accompagnent largement cette tradition, par des légions de bouchées roses, sushis et bento spéciaux créés pour l'occasion… Les médias relaient aujourd'hui très précisément la progression de la « ligne de front » de la floraison dans le pays, ville après ville, avec émissions et applications dédiées pour s'assurer de ne pas manquer cet instant éphémère, unique, symbolique et magique à la fois.

Le chemin de la Philosophie à Kyoto, avec son canal bordé de centaines de cerisiers, et le mont Yoshino à Nara s'avèrent sans doute parmi les sites les plus prisés pour admirer les *sakura*. Et si vous êtes tombé sous le charme de cette coutume unique, comme tant d'amoureux de la nature, notez que cette tradition est au printemps ce que *momijigari*, l'observation de *kōyō*, à savoir le changement de couleur des feuilles, est à l'automne… un émerveillement renouvelé et garanti !

1001 ESPÈCES

Le gourami embrasseur

(Helostoma temminkii)

Petit poisson d'eau douce en aquarium, mais long jusqu'à 30 centimètres dans son milieu naturel, originaire de l'Asie du Sud-Est (Thaïlande, Sumatra et Java), c'est en réalité le seul représentant de sa famille… célèbre pour la forme de sa bouche, en ventouse, qui lui vaut ce nom propice aux embrassades. Mais quasi impossible de distinguer les mâles des femelles, on ignore donc si ce que les spectateurs qualifient de baisers sont en vérité une parade d'intimidation, un violent combat ou un rituel amoureux !

À VOUS DE JOUER

Citations à compléter

❶ **André Gide : « L'homme ne peut découvrir de nouveaux océans tant qu'il… »**

A. … n'a pas le courage de perdre de vue la côte. »

B. … reste à l'abri dans sa bibliothèque. »

C. … craint la rencontre et l'errance. »

❷ **Dans *Les Misérables*, Victor Hugo nous rappelle que… « Voyager, c'est naître et… »**

A. … vivre selon son temps. »

B. … mourir à chaque instant. »

C. … rêver comme un enfant. »

RÉPONSES : ❶A. ❷B.

> « Oh ! pourquoi voyager ? » as-tu dit. […]
> C'est que le cœur hennit en pensant aux voyages,
> Plus fort que le coursier qui sellé nous attend. »

JOSÉ-MARIA DE HEREDIA, homme de lettres

À VOUS DE JOUER
La citation mystère

À chaque lettre de l'alphabet correspond un nombre unique : reportez-les au fur et à mesure dans la grille pour retrouver cette citation, attribuée à Hippocrate. Solution page 93.

A	B	C	D	E	F	G	H	I	J	K	L	M	N	O	P	Q	R	S	T	U	V	W	X	Y	Z
												8		5											

_ _   M _ _ _ _ _   _ _ _
23 17   8 17 15 20 14 9   9 3 1

_ _   M _ _ _ _ _ _   _ _ M   _ _
23 9   8 9 13 23 23 9 2 15   15 9 8   21 9

_ O _ _   _ ' _ O M M _
11 5 2 15   23   14 5 8 8 9

CULTURE
Étonnants gentilés

Saurez-vous nommer les habitants de…
Charleville-Mézières (Ardennes) ?
Périgueux (Dordogne) ?

Il s'agit des Carolomacériens pour les premiers, plus couramment les Carolos, et des Périgourdins, voire parfois des Pétrocoriens pour les seconds : un nom tiré des Pétrocores, peuple qui avait pour capitale Vesunna, ville romaine située à l'emplacement de l'actuel quartier sud de Périgueux.

FLASH MÉTÉO du monde

En avril…

À Rome (Italie)
De 10 à 20 ° C, 10 jours de pluie

À Ushuaïa (Argentine)
De 2 à 9 °C, 7 jours de pluie

À Pietermaritzburg (Afrique du Sud)
De 19 à 26 °C, 3 jours de pluie

GRANDS voyageurs

Hannon (VIe-Ve siècle av. J.-C.) Le grand navigateur

L'explorateur carthaginois du VIe-Ve siècle av. J.-C., navigateur phénicien émérite, sans doute le plus connu des millénaires plus tard… Marchands de l'actuel Liban, établis au sud de l'Espagne puis sur les côtes africaines de la Méditerranée, les Phéniciens font partie des premiers grands explorateurs et voyageurs de l'Antiquité. Hannon menait une flotte colossale de 60 navires, munis de 50 rameurs chacun, avec au total des dizaines de milliers de personnes à bord ! Il se serait aventuré jusqu'au Cap-Vert, et reste célèbre pour son exploration de la côte occidentale de l'Afrique dans la première moitié du Ve siècle, au moins jusqu'au Maroc, découvrant peut-être même l'embouchure du fleuve Sénégal ou le golfe de Guinée selon les récits qui nous sont parvenus, sur de solides navires à rames et à voiles.

Pointé vers la Sicile, le cap Bon se situe au nord de la Tunisie, une destination idéale en avril.

MERVEILLES du PATRIMOINE

ANGKOR EN AVRIL
POUR LE NOUVEL AN KHMER

Site inscrit au patrimoine mondial de l'Unesco depuis 1992, centre de la civilisation khmère, il s'agit de l'un des plus vastes ensembles monumentaux au monde. Ce site sacré a été le cœur du pouvoir khmer pendant plus de cinq siècles. Il constitue aujourd'hui, avec les temples de Banteay Srei et Ta Prohm, l'un des principaux lieux culturels et historiques du Cambodge. Initialement édifiée au IXe siècle par le roi Jayavarman II, Angkor a connu son apogée au XIIe siècle sous le règne de Suryavarman II, qui fit construire le majestueux Angkor Vat, initialement dédié au dieu Vishnu. Il est devenu un site bouddhiste ; pèlerins et touristes continuent de s'y rendre tout au long de l'année.

Après des siècles d'abandon, la ville, avec ses temples, ses bassins, a été redécouverte et demeure l'un des plus grands sites archéologiques au monde, s'étendant sur plus de 400 km². Cet incroyable site se visite idéalement à vélo, pour mieux découvrir l'étendue du domaine… jusqu'à l'impressionnant Bayon, avec ses tours ornées de visages souriants, tous différents mais affichant une sérénité identique, et le vaste bassin de Srah Srang, digne d'une piscine olympique, avec ses 800 mètres sur 400 mètres d'étendue, où les rois khmers faisaient autrefois leurs ablutions sacrées.

TERROIRS *et* BALADES • *en France* •

La Routo, chemin de transhumance

Cet autre nom du GR 69 vient de l'expression occitane *far la routo*, qui signifie transhumer. En 520 kilomètres et 33 étapes, cet itinéraire relie la plaine de la Crau à la vallée de la Stura en Italie : des plaines de basse Provence jusqu'aux vallées alpines du Piémont. Un sentier de randonnée créé tout récemment au début des années 2020, qui valorise les anciennes carraires et drailles, ces pistes empruntées par les troupeaux transhumants, grâce à une longue et fructueuse collaboration entre le Piémont et la maison de la Transhumance. **Un très beau parcours à découvrir au printemps**, qui témoigne des richesses naturelles, culturelles et paysagères liées au pastoralisme de la région.

À VOUS DE JOUER

La citation mystère

Solution du jeu page 90.

A	B	C	D	E	F	G	H	I	J	K	L	M	N	O	P	Q	R	S	T	U	V	W	X	Y	Z
17	18	20	21	9	26	12	14	13	4	24	23	8	6	5	11	19	15	3	1	2	10	25	22	7	16

LA MARCHE EST LE MEILLEUR REMÈDE

23 17 · 8 17 15 20 14 9 · 9 3 1 · 23 9 · 8 9 13 23 23 9 2 15 · 15 9 8 9 21 9

POUR L'HOMME

11 5 2 15 · 23 · 14 5 8 8 9

BON VOYAGE

LE GOMBE STREAM
TERRE DE JANE GOODALL

Le plus petit des parcs nationaux tanzaniens, à la frontière du Congo, avec seulement 35 km^2 de terres protégées, le long des collines de la rive orientale du lac Tanganyika, est le site le plus célèbre pour voir des chimpanzés hors des sentiers battus. La Britannique Jane Goodall y est arrivée dans les années 1960 pour leur consacrer ses observations et ses études sont toujours en cours : sans doute les recherches les plus longues de l'histoire moderne sur une même population d'animaux sauvages !

Des randonnées guidées emmènent les visiteurs dans la forêt pour voir les chimpanzés dans leur état naturel, habitués ici à la proximité des humains. Une rencontre absolument inoubliable. Sans compter toutes les autres espèces visibles, de primates notamment : babouins olive de Beachcomber, colobes rouges, singes à queue rouge, singes bleus ou vervets. **Privilégiez cette saison pour les approcher au plus près.** Les logements proposés dans le parc sont variés, de l'auberge de jeunesse vétuste au camp de tentes le plus luxueux. Notez que le parc n'est accessible que par bateau et que deux jours minimum sont nécessaires pour profiter de son séjour dans les lieux.

1001 ESPÈCES

LE OUISTITI, BAVARD ACROBATE DE LA FORÊT

Le plus petit des singes – 15 centimètres à peine sans la queue pour le ouistiti pygmée, par exemple – doit, paraît-il, son nom à son cri. Devenu au fil du temps un animal fétiche pour les jeunes générations, ses prouesses d'acrobate avec des bonds de plus de quatre mètres, ou sa réputation de grand bavard, qui lui vaut le surnom de « parleur de la jungle » grâce à son impressionnante palette de vocalisations (y compris de cris non perceptibles par l'oreille humaine, dits subsoniques), ont contribué à ce capital sympathie… et l'ont aussi intégré au langage courant pour désigner un loustic, un zigoto, une personne étrange. Primate originaire d'Amérique du Sud, le long de la côte est du Brésil, muni d'une épaisse fourrure, il compte une vingtaine d'espèces et se nourrit essentiellement de la gomme qui suinte de certains arbres, associée à quelques fruits ou insectes. Il vit en moyenne 15 à 18 ans.

• MOTS D'AILLEURS •

Tsundoku, le plaisir de lire
(japonais)

À l'occasion de la journée mondiale du livre, orchestrée chaque année par l'Unesco le 23 avril à travers le monde pour promouvoir le livre, ses auteurs et encourager chacun à découvrir et savourer le plaisir de la lecture, connaissez-vous le *tsundoku* ? Composé des deux kanjis qui signifient accumuler (積) et lire (読), ce terme désigne un syndrome dont vous êtes peut-être atteint sans le savoir… L'accumulation, sous forme de pile, de livres que vous ne lirez peut-être jamais, ou qui attendent patiemment sur une étagère leur heure de partage avec vous. Ce sentiment familier pour les amateurs de lecture de vouloir les lire tous un jour, en manquant pourtant toujours de temps pour le faire. À bien différencier du terme de bibliomanie qui existe en français, et caractérise un trouble obsessionnel compulsif qui consiste à acheter, collectionner et accumuler des livres de façon quasi pathologique. En effet, le *tsundoku* induit surtout, pour celui qu'il concerne, du bonheur dans le plaisir de l'achat ou le simple fait de posséder des ouvrages, pour leur intérêt intrinsèque. Et même si le mot n'existe qu'en japonais, le « syndrome de la pile à lire » qu'il désigne est bel et bien universel depuis des décennies !

EN PLEINE NATURE

LE VOYAGE PAR LES NOMS

De nombreux arbres à travers le monde sont désignés par le nom d'un pays bien particulier et invitent ainsi déjà au voyage. Saurez-vous les compléter ?

1 Le cerisier du J_ _ _ _

2 Le tilleul de M_ _ _ _ _ _ _

3 Le tulipier du G_ _ _ _

4 Le chêne d'A_ _ _ _ _ _ _ _

5 Le cèdre du L_ _ _ _

RÉPONSES

1 JAPON.
2 MONGOLIE.
3 GABON.
4 AUSTRALIE.
5 LIBAN.

BON VOYAGE

LE KWAZULU-NATAL
TERRE ZOULOUE EN AFRIQUE DU SUD

Si l'on connaît le terme « zulu » et l'imaginaire collectif qui lui est associé dans nos esprits occidentaux, le Kwazulu-Natal demeure souvent bien plus mystérieux. Il s'agit d'une province de l'est de l'Afrique du Sud, d'une grande richesse touristique et culturelle, où vit la majorité de la nation zouloue. **Avril est le mois idéal pour profiter de ses splendides réserves naturelles.** Et si les safaris y sont certes incontournables, bien d'autres trésors méritent également le détour : l'occasion de découvrir ses montagnes impressionnantes, ses innombrables randonnées possibles entre roches, bassins, cascades et autres merveilles minérales. Sans oublier son immense littoral, sur des centaines de kilomètres, face à l'océan Indien. D'un point de vue culturel, une région riche au lourd passé, puisqu'elle a été le théâtre de la tragique guerre anglo-zouloue en 1879, dont témoignent les champs de bataille d'Isandhlwana – avec la victoire des Zoulous sur les Britanniques – et de Rorke's Drift. Durban, la ville principale, vaut également une escale, avec un splendide front de mer et des spécialités locales, comme le *bunny chow*, un délicieux petit pain fourré au curry.

À noter que l'Afrique du Sud célèbre chaque 27 avril le Freedom Day, fête nationale instituée par Nelson Mandela en 1995 pour commémorer les premières élections multiraciales organisées en 1994 après l'abolition de l'apartheid.

EN PLEINE NATURE

LE ROTORUA, UN FESTIVAL DE COULEURS

En avril, Rotorua entre dans l'automne austral, offrant des températures douces et agréables, autour de 10 à 20 °C. Vert amande, rose bonbon, bleu saphir, teintes presque fluorescentes : ce site offre un véritable festival de couleurs ! Cette zone géothermique, de Nouvelle-Zélande, vénérée depuis toujours par les Maoris, bouillonne, crache au cœur d'un incroyable paysage volcanique ponctué de geysers et de piscines de boue en ébullition. Son activité constante tout au long de l'année permet d'admirer un miracle de la nature, source de légendes millénaires… et de cures thermales depuis des décennies. La dernière grande éruption du Tarawera à la fin du XIXe siècle ne dissuade plus les touristes de profiter des circuits locaux et nombreuses activités de plein air à proximité, non loin de ces terrasses de silice rose et blanche longtemps considérées comme la huitième merveille du monde.

MERVEILLES du PATRIMOINE

L'OBSERVATOIRE DU MONT AIGOUAL

Un site exceptionnel par la vue unique qu'il propose en extérieur… et la visite qu'il permet en intérieur ! Dans le parc national des Cévennes, à la frontière du Gard et de la Lozère et à plus de 1 500 mètres d'altitude, se dresse l'observatoire construit au XIXe siècle par l'ingénieur forestier Georges Fabre, dans des conditions extrêmes. Haut lieu de l'histoire patrimoniale, environnementale et scientifique, les météorologues s'y succèdent depuis des décennies pour analyser et transmettre leurs observations et leur expertise sur le climat. Une exposition permanente consacrée au changement climatique, le Climatographe, y siège désormais, avec des installations interactives pour tous les âges. **Les journées progressivement plus longues du mois d'avril offrent une bonne visibilité pour profiter pleinement des somptueux panoramas depuis son sommet.**

1001 ESPÈCES

LE POISSON-GLOBE

(Tetraodontidae)

Ces poissons, aussi appelés poissons-ballons, possèdent la faculté spectaculaire de se gonfler. Dépourvus d'écailles, ils peuvent se remplir d'eau en quelques secondes à peine pour échapper à une menace sans avoir à fuir… car ils deviennent ainsi particulièrement difficiles à avaler, ou même juste à mordre. La plupart d'entre eux secrètent de surcroît un poison violent, la tétrodotoxine, mortel pour leurs prédateurs potentiels mais aussi pour l'être humain. Un seul poisson-globe en contient assez pour tuer 30 personnes, et il n'existe aucun antidote connu à ce jour. Ceci contribue à rendre la chair de sa variété, le *fugu*, très recherchée au Japon, et nécessite sa préparation selon un savoir-faire très subtil, pour isoler les parties comestibles de celles qui pourraient mortellement empoisonner leurs trop gourmands dégustateurs…

À VOUS DE JOUER

Vrai ou faux ?

❶ Le dromadaire peut boire 100 litres d'eau en quelques minutes.
☐ VRAI ☐ FAUX

❸ La marmotte siffle.
☐ VRAI ☐ FAUX

❷ Le plus grand serpent du monde peut atteindre 14 mètres de long.
☐ VRAI ☐ FAUX

❹ Le lièvre couine.
☐ VRAI ☐ FAUX

RÉPONSES
❶ VRAI
❷ VRAI. C'est le cas du Titanoboa.
❸ VRAI. C'est le nom donné à son cri.
❹ VRAI. On dit aussi qu'il vagit.

AVRIL

Les grands explorateurs du XVIe au XVIIIe siècle

Durant cette période, les grands explorateurs se sont succédé et ont ouvert la voie à la découverte du monde, poursuivie par d'autres grands noms aux siècles suivants. Redécouvrez-les à travers ces jeux !

Pingouins sur une plage près du cap de Bonne-Espérance, découvert en 1488 par Bartolomeu Dias.

Reliez-les

Reliez ces grands explorateurs du XVIe au XVIIIe siècle à leur découverte respective.

1. Jacques Cartier
2. Louis-Antoine de Bougainville
3. Vasco de Gama
4. Francis Drake
5. Mungo Park
6. Hernàn Cortes
7. Bartolomeu Dias
8. Amerigo Vespucci
9. James Cook
10. Christophe Colomb
11. René Robert Cavelier de La Salle
12. Fernand de Magellan

A. Route maritime vers les Indes
B. Cap de Bonne-Espérance
C. Bougainville
D. Océan pacifique
E. Côtes du Nouveau Monde
F. Cours supérieur du fleuve Niger
G. Côte est de l'Australie
H. Bahamas
I. Canada
J. Louisiane
K. Mexique
L. Cap Horn

Teahupoo, Tahiti. James Cook débarqua à Tahiti le 13 avril 1769.

Solution : voir p. 325

Mots croisés

Replacez ces 12 noms illustres dans la grille ci-dessous.

CARTIER
CAVELIER DE LA SALLE
COLOMB
COOK
CORTES
DE BOUGAINVILLE

DE GAMA
DE MAGELLAN
DIAS
DRAKE
PARK
VESPUCCI

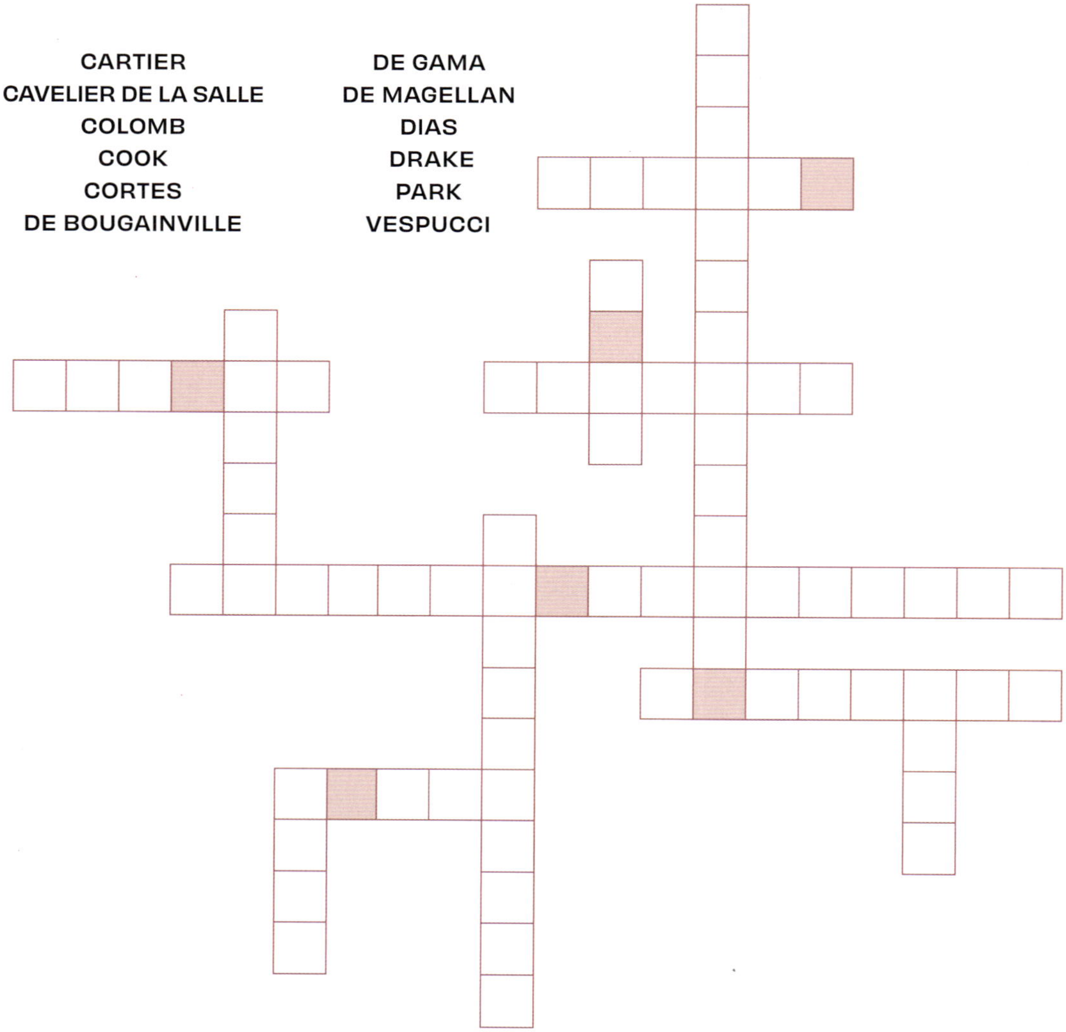

Les cases colorées

En relevant les lettres dans les cases colorées, reconstituez le nom d'une grande exploratrice et botaniste du XVIIIe siècle, dont le portrait est brossé dans cet almanach.

JEANNE _ _ _ _ _ _

Solutions : voir p. 321

Le glacier Perito Moreno en Patagonie où séjournèrent en 1520 Magellan et sa flotte.

Le Grand Canal à Venise, long de 3,8 km. L'afflux de touristes étant moindre en avril, il est plus facile de profiter de la Sérénissime.

Mai

En mai, suivez les habiles pêcheurs au cormoran de Gifu (p. 110) et profitez d'un climat idéal pour découvrir le parc national d'Etosha (p. 118) ou, plus proches, les Météores grecs (p. 114)… Ce mois-ci, rejoignez aussi des gares d'exception (p. 111), vibrez pendant la Golden week à l'enivrant tempo des tambours taiko (p. 113) ou retrouvez dans ces pages les exploits de Jeanne Barret (p. 112), la première « globe-trotteuse » : un vaste tour du monde en quelques semaines à peine, digne des oiseaux migrateurs (p. 121) dont on célèbre la journée mondiale…

Éphéméride express

N'oublions pas à travers le monde :

- **1er mai.** Fête du Travail. May Morning (p. 112).
- **9 mai.** Journée de l'Europe, célébration de la paix et de l'unité en Europe, anniversaire de la signature de la déclaration Schuman en 1950.
- **20 mai.** Journée mondiale des abeilles.
- **25 mai.** Fête nationale de l'indépendance de l'Argentine.
- **Samedi le plus proche du 18 mai.** Nuit européenne des musées.
- **2e ou dernier dimanche de mai dans la plupart des pays du monde.** Fête des Mères.
- **Vesak (jour de la pleine lune du mois de mai, variable).** Jour le plus sacré pour des millions de bouddhistes à travers le monde, commémorant naissance, illumination et mort de Bouddha.

← Zèbres dans le parc d'Etosha, Namibie.

HOMMES & FEMMES *du* MONDE

LES PÊCHEURS AU CORMORAN

Du 11 mai au 15 octobre, depuis plus de 1 300 ans, des pêcheurs japonais pratiquent l'*ukai*, la pêche au cormoran, surtout sur la rivière Nagara. Une technique artisanale traditionnelle transmise de génération en génération, régie par la Maison impériale. Elle consiste à utiliser des cormorans japonais pour pêcher des poissons, principalement des *ayu*, qu'ils recrachent après les avoir stockés, temporairement dans leur gorge – jusqu'à six d'un coup ! La pêche se réalise de nuit – sauf en cas de fortes pluies ou lors de la pleine lune du huitième mois lunaire –, à partir d'une barque éclairée d'un simple *kagaribi*, un feu à l'avant de la petite embarcation, qui attire les poissons vers elle. Elle suit un protocole traditionnel bien codifié, répartition des tâches entre les pêcheurs et tenue vestimentaire y compris : après trois feux d'artifice, les bateaux descendent la rivière, les oiseaux sont lâchés et rapportent leurs prises sur la barque, parfois jusqu'au petit matin. La *sougarami*, une variante de l'*ukai*, plus solennelle et impressionnante, regroupe même simultanément six barques, alignées côte à côte pour inciter les poissons à rejoindre les eaux les moins profondes, et nécessite une coordination absolue et une parfaite maîtrise de cette technique séculaire. Elle vaut à ses experts le titre de « Pêcheurs de cormorans de l'Agence de la Maison impériale » et à cette rivière d'être protégée depuis des siècles, lui garantissant aujourd'hui un niveau de salubrité propice à la perpétuation des espèces. Ce métier demeure aujourd'hui principalement un folklore attractif pour les touristes dans la région.

ZOOM SUR... ZOOM SUR... ZOOM SUR...

Deux gares à visiter

1 Chhatrapati Shivaji Terminus à Mumbaï

D'un éclectisme fascinant, Chhatrapati Shivaji est la seule gare classée au patrimoine mondial de l'Unesco. Inaugurée en 1887, le néogothique victorien et ses gargouilles s'y mélangent à la Renaissance italienne et à l'architecture traditionnelle indienne, digne des palais des maharadjas.

2 Grand Central à New York

Restée pendant des décennies la principale gare de la *Big Apple*, elle représente aussi le lieu mythique de bien des scènes de films qui ont marqué l'histoire du cinéma. La lumière naturelle qui traverse son gigantesque hall, mais également son plafond peint parsemé de constellations, redécouvert plus récemment, en font un passage obligé pour tout voyageur.

1

2

• MOTS D'AILLEURS •

Jayus (indonésien)

Depuis 1988, le premier dimanche de mai célèbre la journée internationale du rire. *Jayus* désigne, en indonésien, une blague si peu drôle ou racontée de façon si piteuse qu'elle en devient hilarante aux dépens de son conteur. Une situation ponctuée d'un instant de surprise, de dépit mêlé de ridicule pour son auteur, mais surtout de fou rire partagé qu'elle provoque instantanément.

Jeanne Barret (1740-1807)
La première « globe-trotteuse »

Incroyable destin de Jeanne Barret née en 1740, première femme connue à avoir fait le tour du monde… dans des conditions rocambolesques et audacieuses. En effet, il était formellement interdit à une femme d'entrer dans l'équipage d'un navire à cette époque.
Alors pour embarquer à bord de l'*Étoile* dans l'expédition de Bougainville, Jeanne Barret va se travestir : cheveux coupés, vêtements amples, poitrine bandée et changement d'identité, elle se fait passer pour Jean Baré, valet du naturaliste de l'expédition, Philibert Commerson. Elle participe activement aux découvertes et collecte, en apprentie botaniste, de nombreux spécimens, au cours d'escales au Brésil, telle cette plante grimpante dont les fleurs possèdent des coloris d'un rose éclatant, que Commerson baptisera Bougainvillea en l'honneur du capitaine… et que nous connaissons sous le nom de bougainvillées aujourd'hui encore.
La supercherie de son identité sera finalement découverte au bout d'un an, sans doute par des Tahitiens lors d'une escale locale, mais le courage et l'abnégation de Jeanne forceront l'admiration de Bougainville et de l'équipage et lui éviteront toute poursuite ou réprimande ultérieure. Après bien des péripéties et des revers de voyage, elle rentre de ce tour du monde qui a aguerri son expertise botanique et amélioré sa fortune, et s'installe dans le Périgord. Nommée « femme extraordinaire » par Louis XVI, il lui accorde même une pension en reconnaissance de son courage. Elle traverse enfin la Révolution, connaît le Premier Empire et meurt entourée des siens en 1807.

LE MAY MORNING À OXFORD
ROYAUME-UNI

Oxford le 1er mai (May Day) ? Place aux festivités du May Morning ! Bien avant d'être la fête du Travail, cette date célèbre dans de nombreux pays le retour de temps plus cléments, et la cité universitaire *so british* perpétue cette tradition par un programme quasi inchangé depuis des siècles. L'*Hymnus Eucharisticus* l'ouvre en musique dès 6 heures du matin, interprété par le chœur du Magdalen college, puis suivent volées de cloches, concerts de cor, fameuses Morris dances au Radcliff Square et quantité d'autres événements liés au folklore local. Des milliers de personnes prennent part à cette journée pas comme les autres : une belle occasion de visiter ensuite plus amplement cette ville historique et ses environs.

Le tambour taïko
Un instrument millénaire

TRADITIONS DU MONDE

Taiko désigne à la fois l'art de jouer du tambour et par extension les différentes formes de cet instrument millénaire. Véritable art aux frontières de la musique, de la danse ou de la méditation, il a servi tour à tour au fil des siècles à écarter les mauvais esprits, fêter les événements religieux… ou déclarer le début d'une guerre. Il prend aujourd'hui toute sa place dans les rituels, au sein des sanctuaires ou des temples shinto. À découvrir par exemple en juillet au sanctuaire de Yasaka, au sein de l'un des festivals les plus saisissants de Kyoto : Gion-matsuri, avec sa parade riche d'immenses chars colorés et de multiples instruments, parmi les plus exceptionnelles du Japon. **Ou fin avril début mai, lors de la Golden Week,** ces quatre jours fériés au Japon concentrés sur sept jours lors desquels il est particulièrement représenté.

LES SPECTACULAIRES MÉTÉORES
GRÈCE

Vingt-quatre monastères dont six encore en activité, perchés au sommet de falaises et de pitons vertigineux. C'est face à l'invasion ottomane que des moines chrétiens orthodoxes s'y réfugièrent dès 935... tous les matériaux de construction y étant acheminés à dos d'homme ou montés dans des paniers suspendus à des poulies. Le Grand Météore demeure le mieux conservé, le plus vaste et le plus élevé. Préférez le printemps ou l'automne pour éviter la canicule grecque estivale. **En mai, le site se dévoile sous un ciel clair et une végétation printanière éclatante.** Un grand circuit de 17 kilomètres permet de faire le tour des monastères. Rejoignez Thessalonique, la ville la plus proche, en train depuis Athènes... Attention, ascension interdite pendant les orages !

Thessalonique abrite un riche patrimoine antique et byzantin. Ici, l'église Saint-Paul.

HOMMES & FEMMES du MONDE

LES SÉCULAIRES COUTELIERS DE THIERS

Thiers, commune auvergnate, est connue dans le monde entier pour ses couteaux. Un artisanat ancien, savoir-faire transmis de génération en génération, depuis plus de six siècles, aujourd'hui pratiqué par quelques dizaines d'artisans couteliers et fabricants de coutellerie. Au XVe siècle déjà, les couteliers représentaient un quart des ouvriers locaux… Au XVIIe siècle, ils étaient quatre fois plus nombreux à Thiers et ses environs qu'à Paris, et au fil des siècles, exportant leurs créations jusqu'aux « Indes », ils se sont forgé la réputation internationale qu'on leur connaît aujourd'hui. Choix de l'acier, découpe, émoulure pour donner son tranchant à la lame, choix du manche, montage et ajustage, marquage puis affûtage, c'est une longue chaîne de gestes, de techniques et d'expertises que le forgeron coutelier coordonne ou pratique depuis toujours, alliant désormais outils traditionnels et technologies les plus récentes. La seule ville de Thiers produit encore à l'heure actuelle 80 % de la consommation nationale de couteaux, malgré les difficultés liées à la mondialisation. **Le festival Coutellia, mi-mai, célèbre ainsi la coutellerie d'art et de tradition :** une occasion de découvrir la richesse de ce savoir-faire et de rencontrer les gardiens et passeurs des gestes de ce métier séculaire. À retrouver également les 700 pièces exposées, présentées toute l'année, dans le musée de la coutellerie local.

FLASH MÉTÉO du monde

En mai…

À Dakar (Sénégal)
20 à 26 °C
0 jour de pluie

À Prague (République tchèque)
7 à 18 °C
10 jours de pluie

À Port-Louis (Île Maurice)
19 à 26 °C
17 jours de pluie

1001 ESPÈCES

LE PACA : UN COCHON ?

Ce gros rongeur a été décrit pour la première fois au XVIIIe siècle, comme en témoigne cette description dans *L'Encyclopédie* de Diderot et d'Alembert, éditée de 1751 à 1772 : « Animal d'Amérique du genre des cochons de Guinée ; il tient des caractères du rat, avec le poil et le cri du cochon ; il a la taille d'un petit cochon de lait, sa tête est faite comme celle d'un lapin. Sa moustache ressemble à celle du lièvre ; ses oreilles sont lisses, un peu pointues ; ses narines sont fort larges ; sa mâchoire supérieure est plus longue que l'inférieure. Ses pieds ont chacun quatre orteils ; ses jambes de derrière sont plus grandes que celles de devant. Son poil est rude comme celui du cochon, et de couleur brun foncé. Il est tacheté en long sur les côtés ; son ventre est blanc ; il ne se sert pas de ses pieds de devant en guise de mains, mais il les porte sur la terre comme le porc. Il est ordinairement fort gras, et d'une chair de très bon goût ».

• MOTS D'AILLEURS •

À votre santé !

À travers le globe, la façon de trinquer pour la santé varie : on dira *Salud* en Espagne, *Salute* en Italie, et *Prost* en Allemagne. Au Japon, on lèvera son verre bien haut en proclamant *kampaï* tandis qu'en Grèce, on prendra son ouzo en clamant *yamas*. En Islande, on utilisera *Skál*, qui signifie littéralement « bol » ou « coupe », sans doute en référence aux anciennes coutumes où les boissons étaient partagées dans des récipients communs.

À VOUS DE JOUER

Trouvez l'intrus

❶ Parmi ces pays, lequel n'a pas du tout la même superficie que les deux autres ?

A. Bulgarie
B. Cuba
C. Pologne

❷ Parmi ces espèces, laquelle n'existe pas ?

A. Le requin-lutin
B. La fourmi panda
C. La taupe à chapeau

RÉPONSES

❶C : La Pologne est trois fois plus grande que les deux autres. ❷C.

LE PARC NATIONAL D'ETOSHA
NAMIBIE

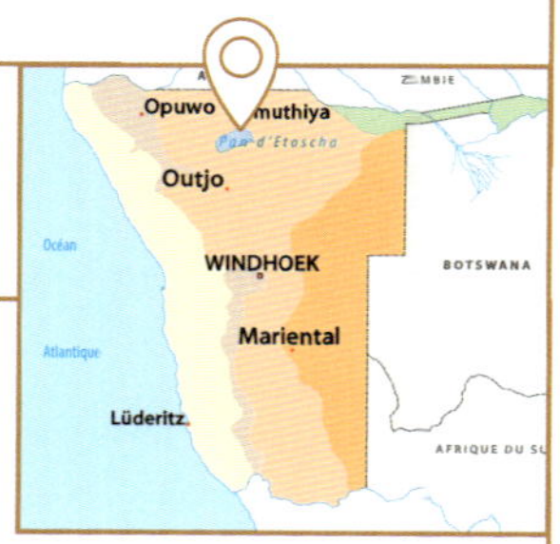

Ce parc est unique en Afrique : il s'agit d'un marais salant si grand qu'il est, paraît-il, visible de l'espace ! Sa faune abondante se rassemble autour d'une oasis, au sein d'une végétation luxuriante qui contraste avec un environnement des plus désertiques et garantit l'observation privilégiée de multiples espèces : éléphants, lions, girafes, mais aussi rhinocéros noir – en voie de disparition – ou léopard. **Le mois de mai, en fin de saison des pluies, permet de bénéficier d'un peu de verdure et de fraîcheur,** toutes relatives, et du spectacle de nuits étoilées. Ce haut lieu du tourisme en Namibie est l'une des plus grandes réserves animalières d'Afrique avec ses 114 espèces de mammifères et 340 espèces d'oiseaux. Il nécessite, vu sa fréquentation internationale, une réservation et une préparation anticipées de son séjour pour en profiter pleinement.

Les éléphants sont les mammifères les plus nombreux du parc national d'Etosha.

À VOUS DE JOUER
Vrai ou faux ?

❶ Le Sahara est le désert de sable le plus grand du monde.

☐ VRAI ☐ FAUX

❷ La Grande Barrière de corail se trouve en Australie.

☐ VRAI ☐ FAUX

❸ L'Amazonie est la plus grande forêt tropicale du monde.

☐ VRAI ☐ FAUX

RÉPONSES

❶ VRAI. Avec plus de 8 millions de km²… sans rival à sa « hauteur » sur la planète ! ❷ VRAI. Elle est située au nord-est de l'Australie sur plus de 2 300 kilomètres. ❸ VRAI. Suivie en deuxième position par la forêt du bassin du Congo, en Afrique centrale.

1001 ESPÈCES

Les oiseaux migrateurs

La Journée mondiale des oiseaux migrateurs, courant mai, est, selon l'ONU, « une campagne soulignant la nécessité de les protéger ainsi que leurs habitats. De portée mondiale, elle sensibilise le monde aux menaces qui pèsent sur eux, à leur importance écologique et à la nécessité d'une coopération internationale pour les conserver ». Elle a ces dernières années été axée autour de la pollution lumineuse, ou de l'eau et de leur importance pour ces espèces. Cette journée, célébrée deux fois par an en octobre et en mai, en écho au voyage vers les climats plus chauds en automne puis au retour vers le nord au printemps, rassemble gouvernements, ONG, scientifiques et citoyens. Des événements éducatifs, campagnes sur les réseaux sociaux et actions de terrain sont organisés pour mettre en lumière les défis auxquels ces espèces font face, de la perte d'habitat au changement climatique en passant par les collisions avec les infrastructures humaines.

TERROIRS et BALADES • en France •

Le Mercantour et ses sublimes sentiers des lacs

Des randonnées incroyables à faire en mai. Plus de 1 700 kilomètres de chemins, sentiers et pistes de balades et de randonnées, parmi lesquels cette boucle qui relie trois magnifiques lacs glaciaires. Le plus grand lac d'altitude naturel d'Europe, Allos, marque le début de l'itinéraire à plus de 2 220 mètres, au milieu de mélèzes, prairies, somptueux sommets et marmottes peu farouches mais très agiles ! Direction le lac de la Petite Cayolle, puis les Garrets et enfin le Pas de Lausson, où la vue panoramique à 360 ° mérite en soi le trajet, avant de reboucler au point de départ. Une balade sublime : air pur, nature authentique, ressourcement garantis.

MERVEILLES du PATRIMOINE

L'ABBAYE SAINTE-MARIE DE FONTFROIDE

Fondée en 1093 sur les contreforts des Corbières par une communauté de moines bénédictins, cette abbaye devenue cistercienne au siècle suivant est située sur le territoire de Narbonne. Après des siècles d'activité spirituelle puis de cruel manque d'entretien, elle fut sauvée de la ruine par le peintre et collectionneur Gustave Fayet en 1908, et ses descendants préservent aujourd'hui encore avec soin et énergie la splendeur des lieux. Une plongée dans l'histoire de l'art des jardins depuis le Moyen Âge garantie, avec un ensemble récemment et brillamment restauré, notamment mieux adapté dans sa végétation à la réalité des changements climatiques. L'espace comporte également de magnifiques terrasses à l'italienne, à flanc de colline, dont l'origine remonte à Constance de Frégose, mère de l'abbé commanditaire de l'abbaye. Le cloître offre un havre de paix hors du temps, pour contempler la roseraie riche de variétés rares, et **savourer cette osmose du minéral et du végétal dans la douce quiétude des beaux jours du mois de mai.** Un site patrimonial et culturel incontournable de l'Occitanie.

HOMMES & FEMMES du MONDE

LA SOCIÉTÉ DES MASQUES

Les Dogons, originaires du sud-ouest du Mali sont connus pour la splendeur de leurs masques, la beauté de leur architecture ou la richesse de leur patrimoine social et culturel, ainsi que leur riche cosmogonie. Ils vivent de la falaise de Bandiagara au sud-ouest de la boucle du Niger et possèdent leur propre langue, le dogon… ainsi qu'une langue « secrète », le *sigi so*, réservée à Awa, la « société des masques », composée majoritairement d'hommes circoncis qui interviennent lors de danses masquées, organisées pour les cérémonies, funéraires en particulier. Le hogon est le chef religieux suprême du village. Avant tout cultivateurs de petit mil, base de leur alimentation, de sorgho et de riz, ainsi que d'oignons – essentiels pour leur économie –, les Dogons et leurs ancêtres les Tellem se sont installés dans la région au XIe siècle.

Fin mai, la fête des semailles, le Bulu, inaugure la nouvelle année agricole, juste avant le début des pluies de juin : une tradition encore vivace dans l'espoir d'une récolte abondante et de pluies généreuses pour l'ensemble de la population. Attention, dans le contexte actuel, tout déplacement au Mali est formellement déconseillé par le ministère des Affaires étrangères.

À VOUS DE JOUER

Citations à compléter

❶ Selon saint Augustin, « Le monde est un livre et ceux qui ne voyagent pas…

A. … n'en lisent qu'une page. »

B. … sont analphabètes. »

C. … n'ont pas voix au chapitre. »

❷ Selon Lewis Caroll, « Si vous ne savez pas où vous allez, n'importe quel chemin…

A. … ne vous suffira pas. »

B. … vous y mènera. »

C. … mène à Rome, alors prenez la route ! »

❸ Selon Ibn Battuta, « Voyager vous laisse d'abord sans voix, avant de…

A. vous transformer en conteur. »

B. …vous faire chanter à tue-tête. »

C. …vous subtiliser vos jambes aussi. »

RÉPONSES
❶A. ❷B. ❸A.

MERVEILLES du PATRIMOINE

LE CHÂTEAU DE MAISONS-LAFFITTE
MAISON DE PLAISANCE

Chef-d'œuvre de l'architecture civile du XVIIe siècle, cette « maison de plaisance » idéalement située entre la forêt de Saint-Germain-en-Laye et la Seine, dans les Yvelines, marque la transition entre l'architecture de la renaissance tardive et celle du classicisme. **Une visite en mai est idéale, alors que le jardin et le parc environnants sont en pleine floraison.** Classé aux Monuments historiques dès le début du XXe siècle, le château est la pièce centrale d'une composition paysagère dotée d'une immense perspective. Associé au nom de François Mansart, il inspirera Vaux-le-Vicomte et Versailles à plus d'un titre : son escalier d'honneur grandiose, ses appartements restaurés et ses jardins se visitent et demeurent des modèles incontestés… jusqu'à Pékin où a été inaugurée en 2004 une copie du château, au cœur d'un domaine de 300 hectares ! Mille ouvriers se sont relayés plusieurs années pour satisfaire la commande du milliardaire chinois Zhang Yuchen et reproduire cette demeure, qui porte désormais le nom de… Zhang-Laffitte.

ZOOM SUR… ZOOM SUR… ZOOM SUR… ZOOM SUR… ZOOM SUR… ZOOM SUR… ZOOM SUR… ZOOM SUR… ZOOM

Deux jardins à visiter en France

1 Èze, jardin exotique

Pépite de la Riviera perchée sur une ancienne forteresse médiévale, à plus de 400 mètres à flanc de colline au-dessus de la Méditerranée, ce jardin extraordinaire abrite cactées et variétés rares de toute beauté. Un « espace contemplatif », en contrebas des ruines du château, permet de se délecter mieux encore du vaste paysage, qui s'étend de Saint-Tropez à l'Italie… en ces lieux qui inspirèrent même Frédéric Nietzsche pour ses pages les plus célèbres d'*Ainsi parlait Zarathoustra*.

2 Marqueyssac

Dans les jardins du château construit au XVIIIe siècle, près de Sarlat dans le Périgord, à quelques centaines de mètres au-dessus de la rivière, se cachent plus de 150 000 buis centenaires, encore taillés à la main, comme sortis d'un véritable conte de fées ! Plus de six kilomètres de promenade et de visite entre belvédères, rocailles et cabanes en pierre sèche, au sein d'un site classé exceptionnel, romantique et pittoresque à la fois.

1

2

MUNKHOLMEN, L'ÎLE DES MOINES, NORVÈGE

Cette île, idéale à visiter au mois de mai quand les fleurs sauvages du printemps lui confèrent un charme tout particulier, se dévoile au fil de la traversée en ferry qui permet au voyageur de s'en approcher, baignée dans les eaux bleu azur du somptueux fjord de Trondheim. Si elle abritait à ses origines un monastère bénédictin, après être devenue tour à tour prison, poste de douane ou forteresse, subsiste aujourd'hui à Munkholmen la puissance spirituelle des lieux, la mer, le silence et le spectacle de la nature, propices à la méditation… et aux baignades.

EN PLEINE NATURE

LE KHAMSIN, TEMPÊTE DE SABLE

Également appelé chamsin, il s'agit d'un phénomène météorologique redouté qui affecte principalement les régions du Moyen-Orient, des déserts du sud-est de l'Égypte au sud d'Israël. Cette tempête de sable porte le nom d'un mot arabe signifiant « cinquantaine », car **il n'est censé souffler que sur cette durée de jours au printemps, entre les mois d'avril et de juin,** lorsque la différence de température entre le désert brûlant et la Méditerranée plus fraîche est la plus grande, créant une dépression qui lui donne naissance.

Il se caractérise par des vents chauds et secs venant du désert, soufflant à des vitesses impressionnantes, atteignant parfois jusqu'à 140 kilomètres par heure, et transportant avec eux d'énormes quantités de sable et de poussière. Ce sable est souvent fin et abrasif, et le khamsin est ainsi particulièrement redoutable : l'air chargé de poussière rend la respiration particulièrement oppressante pour tout être vivant.

Ses effets sont impressionnants : il soulève des quantités massives de sable et de poussière, réduisant la visibilité à quelques mètres. Routes, maisons et véhicules sont souvent ensevelis sous des couches de sable, et les températures peuvent également s'élever de 20 °C en deux heures à peine.

Connu par les populations locales depuis toujours, il était nommé le vent de Seth par les Égyptiens, et figure dans la Bible sous le nom de « vent d'est ». Pendant la campagne d'Égypte de Napoléon Bonaparte en 1798, il prit également les soldats français au dépourvu quand la tempête apparut « comme une teinte de sang dans le ciel lointain », car le khamsin donne au ciel une teinte orange foncé très typique.

Alexandre Dumas, grâce aux écrits de son ami le peintre Adrien Dauzats, nous y plonge le temps d'un récit saisissant, à retrouver le temps d'une pause de lecture en page 130.

• MOTS D'AILLEURS •

Forelsket, l'amour toujours

(norvégien)

Forelsket désigne dans la tradition norvégienne et danoise ce sentiment euphorique que l'on ressent lorsqu'on tombe amoureux. Cette vague d'émotions, cette profonde sensation de flottement et d'excitation, souvent accompagnées d'un cœur qui bat la chamade pour la personne aimée. C'est un mot qui capture l'essence de tous ces sentiments et sensations réunis, suscités par l'amour naissant.

« On ne prend pas un hippopotame avec un hameçon. »

PROVERBE AFRICAIN

Pause lecture

Wadi Rum, désert situé au sud de la Jordanie.

Alexandre Dumas (1802-1780), si célèbre pour ses chefs-d'œuvre de la littérature, fut aussi un grand voyageur. En 1832, pour fuir le choléra qui frappe Paris, il voyage en Suisse où il rencontre Chateaubriand, puis en Italie du Nord. Il en rapporte ses premières Impressions de voyage, *dans un genre plus empreint de ses ressentis tout personnels. Suivront Espagne, Algérie, Angleterre, puis Russie, Caucase... Le récit de la traversée du désert qui suit, si réaliste, a pourtant été écrit à Paris, sur la base des notes de son ami Adrien Dauzats, avec cet admirable talent de conteur qui est le sien...*

Quinze jours au Sinaï,

ALEXANDRE DUMAS, 1839

Nous continuâmes, le lendemain, de marcher encore dans la même direction, c'est-à-dire en descendant vers la mer. Depuis longtemps déjà nous distinguions Thor à notre gauche ; mais, à mesure que nous approchions, la ville nous paraissait perdre de son importance ; enfin, nous jugeâmes qu'elle ne méritait pas que nous fissions un détour pour la visiter. Nous fîmes, en conséquence, un angle aigu à droite, et, après une heure ou deux de marche sur le sable tamisé qui borde la mer Rouge, nous rentrâmes dans les montagnes, et, vers le soir, nous descendîmes dans une ouaddi délicieuse appelée la Vallée-des-Jardins. Des palmiers aux panaches flottants, des sycomores au noir feuillage, couvraient de leur ombre une source d'eau fraîche et pure ; cette oasis commandait une halte, et nous dressâmes notre tente au pied d'un bouquet de palmiers.

La nuit fut délicieuse ; nous possédions l'eau et la fraîcheur, ces deux trésors dont le désert est si avare. Aussi nous réveillâmes-nous reposés et vigoureux, et nous nous mîmes en route dans une disposition d'esprit des plus joyeuses. Au moment de partir, nos Arabes se montrèrent les uns aux autres quelques lignes rougeâtres qui sillonnaient l'orient ; néanmoins ils ne parurent pas s'en occuper davantage, et nous avions déjà oublié ces symptômes inquiétants, qui ne nous avaient cependant pas échappé, lorsque, en entrant dans l'ouaddi Pharan, nous sentîmes passer autour de nous quelques-unes de ces âcres bouffées de vent, haleines fiévreuses du

« Le Khamsin » (p. 129)

→

désert. Bientôt la chaleur devint insupportable ; le sable, soulevé par une brise insensible, qui semblait une vapeur de la terre, nous enveloppait d'un nuage qui nous brûlait les yeux, et, à chaque aspiration, pénétrait dans le nez et dans la gorge. Nos Arabes, de leur côté, paraissaient, contre leur habitude, souffrir comme nous de ces inconvénients, qui auraient dû leur être familiers ; ils échangeaient entre eux des paroles brèves et courtes, et peu à peu les restes d'inimitié de la veille se fondirent dans une commune préoccupation. Les deux tribus rapprochées se mêlèrent, les dromadaires eux-mêmes parurent se chercher les uns les autres, galopant avec agitation et sans ralentir leur allure, et allongeant leurs longs cous de serpent de manière à ce que leur lèvre inférieure effleurât le sol.

De temps en temps ils faisaient des écarts irréguliers et soudains, comme si la terre leur eût brûlé les pieds. « Prenez garde, » disait alors Toualeb. Et après lui les Arabes répétaient cet avertissement, que j'entendais sans pouvoir comprendre de quel danger nous étions menacés. Je m'approchai de Béchara pour lui demander d'où venait ce malaise dont nous étions atteints tous, hommes et animaux ; mais le temps des conversations était passé : Béchara, pour toute réponse, prit un pan de son manteau, et, le rejetant par-dessus son épaule, il s'en enveloppa de manière à s'en couvrir le nez et la bouche. J'en fis autant, et, en me retournant, je m'aperçus que notre exemple avait été suivi par les Arabes, dont on n'apercevait plus que les yeux noirs et brillants, plus noirs et plus brillants encore sous leurs burnous et leurs abbayes ; enfin, au bout d'un quart d'heure, nous n'avions plus de questions à faire. Francs et Arabes, nous en savions autant les uns que les autres. Le désert nous prévenait par tous les signes et nous parlait avec toutes ses voix : c'était le khamsin.

Notre course était dévergondée, car le sable s'élevait comme un mur entre l'horizon et nous. À chaque instant nos Arabes, dont les yeux ne pouvaient percer ce voile de flamme, hésitaient et faisaient des crochets qui dénotaient leur irrésolution. Cependant la tempête augmentait toujours ; le désert devenait de plus en plus houleux ; nous entrions dans des sillons de sable agités comme des vagues, et nous traversions, ainsi qu'un habile nageur fend une lame, la crête brûlante de ces monticules. Malgré la précaution que nous avions prise de couvrir nos bouches de nos manteaux, nous respirions autant de sable que d'air ; notre langue s'attachait à notre palais, nos yeux devenaient hagards et sanglants, et notre respiration, bruyante

Chameaux au repos sur la plage d'Aqaba au bord de la mer Rouge, Égypte.

comme un râle, révélait, à défaut de paroles, nos mutuelles souffrances. Je me suis trouvé quelquefois en face du danger, mais je n'ai jamais éprouvé une impression pareille à celle que je ressentais : ce doit être à peu près celle d'un naufragé perdu sur une planche au milieu d'une mer orageuse. Nous allions comme des insensés, sans savoir où, toujours plus rapidement et plus obscurément, car le nuage de poudre qui nous enveloppait devenait de plus en plus intense et brûlant. Enfin Toualeb fit entendre un cri perçant : c'était un ordre de halte. Les deux chefs, Béchara, Araballah, et l'Arabe qui marchait ce jour-là en tête de la caravane, se réunirent en conseil : c'étaient les pilotes les plus expérimentés de cette mer changeante où nous étions égarés. Les avis furent émis tour à tour, et, malgré la situation ou peut-être à cause de la situation suprême où nous nous trouvions, émis avec une sage modération et une solennelle lenteur. Pendant ce temps-là la houle de sable continuait de se soulever. Enfin Toualeb résuma les opinions en étendant les bras vers le sud-ouest, et la course frénétique recommença aussitôt, mais cette fois sans hésitation et sans écart, et sur les traces des deux cheikhs, qui, vu la gravité des circonstances, avaient pris la conduite de la caravane. Nous marchions vers un but, mais nous n'avions pas le loisir de demander lequel ; nous savions seulement que, si nous le manquions, nous étions perdus.

Le désert était imposant et mélancolique : il semblait vivre et palpiter, et fumer jusque dans ses entrailles. La transition avait été rapide et

→

singulière ; ce n'était plus l'oasis de la veille, le repos au pied des palmiers, le sommeil rafraîchi par le bruit murmurant de la fontaine ; c'était le sable enflammé, c'étaient les secousses du rude dromadaire, la soif dévorante, inhumaine, insensée ; la soif qui fait bouillir le sang, fascine les yeux, et montre au malheureux qu'elle brûle des lacs, des îles, des arbres, des fontaines, de l'ombre et de l'eau. Je ne sais s'il en était des autres comme de moi ; mais j'étais en proie à une véritable folie, à un rêve, à un délire sans fin, qui se ployait à tous les dévergondages de mon imagination. De temps en temps nos dromadaires s'abattaient, creusaient le sable ardent avec leur tête pour trouver au-dessus de sa surface un semblant de fraîcheur ; puis ils se relevaient fiévreux et haletants comme nous, et reprenaient leur course fantastique. Je ne sais combien de fois ces chutes se renouvelèrent, je ne sais comment nous fûmes assez heureux pour ne pas être écrasés sous le poids de nos *haghins* ou ensevelis sous le sable ; ce dont je me souviens, c'est qu'à peine tombés, Toualeb, Béchara et Araballah étaient près de nous, rapides et secourables, mais muets comme des spectres, relevant hommes et chameaux, puis se remettant en chemin, silencieux et enveloppés de leurs manteaux. Une heure encore de cette tempête, j'en suis bien convaincu, et elle nous ensevelissait tous. Mais tout à coup une rafale de vent passa, éclaircissant l'horizon, comme si l'on tirait à nos yeux la toile d'un théâtre : Le Mokatteb ! cria Toualeb ; le Mokatteb ! répétèrent tous les Arabes.

Puis le sable s'éleva de nouveau entre nous et la montagne ; mais Dieu, comme pour nous rendre la force, nous avait montré le port désiré. Le Mokatteb ! le Mokatteb ! répétions-nous sans savoir ce que c'était que le Mokatteb, mais devinant que c'était le port, le salut, la vie. Cinq minutes après, nous nous glissions, comme des serpents, dans une caverne profonde, mais dont la gueule étroite laissait passer peu de lumière et peu de chaleur, tandis que nos montures, agenouillées, la tête tournée et étendue vers le rocher, étaient déjà tombées dans une immobilité qui les faisait ressembler, avec leur peau grise recouverte de sable, à des chameaux de pierre.

Quant à nous, sans nous inquiéter de tente, de tapis, de repas, nous nous couchâmes pêle-mêle, en proie à la fois à un engourdissement et à un délire qui tenaient le milieu entre le sommeil et la fièvre chaude ; puis, sans parler, sans dormir, sans remuer, nous restâmes là jusqu'au lendemain matin, étendus sur la face, comme des statues précipitées de leur base.

Désert du Sinaï.

Le fjord de Geiranger, en Norvège, est inscrit au patrimoine mondial de l'Unesco.

Juin

Un mois propice aux découvertes extraordinaires : si loin d'ici, les baleines à bosse à Terre-Neuve (p. 140) ou les pêcheurs du Groenland (p. 151)… et si proches, le cirque d'Artout (p. 146) ou les trésors du Morbihan (p. 145). Tandis que l'avènement du solstice d'été (p. 150) sous nos latitudes contraste avec le Nouvel An maori (p. 153) célébré dans l'hémisphère Sud, retrouvez dans les pages qui suivent l'extraordinaire destin de l'aviatrice Amélia Earheart (p. 143) pour accompagner l'approche de l'été…

Éphéméride express

N'oublions pas à travers le monde :

- **Mois des fiertés.**
- **2 juin.** Festa della Repubblica : fête nationale italienne.
- **5 juin.** Journée mondiale de l'environnement.
- **Courant juin (5e jour du 5e mois lunaire).** Festival des bateaux-dragons en Chine, il marque l'entrée dans les chaleurs de l'été et commémore la mort de Qu Yuan.
- **16 juin.** Bloomsday, Irlande (p. 148).
- **17 juin.** Fête nationale de l'Islande.
- **29 juin.** Journée internationale des tropiques.

← Saint-Jean de Terre-Neuve au Canada, ainsi nommé en l'honneur de son découvreur supposé, Jean Cabot, le jour de la fête de la Saint-Jean, le 24 juin.

BON VOYAGE

TERRE-NEUVE
MAGIE DE LA BIODIVERSITÉ

Un spectacle unique au monde : posté sur la plage Saint-Vincent, **observez à la mi-juin des milliers de baleines à bosse** venir se nourrir près des rivages de la péninsule d'Avalon, une péninsule très découpée au sud-est de Terre-Neuve. Plus de 21 espèces évoluent dans ces eaux, dont certaines viennent presque se hisser sur la plage pour un banquet d'alevins de capelans, ces petits poissons qui pondent leurs œufs dans le sable... avec dans les airs, un ballet de plus de 300 espèces du macareux moine au fou de Bassan : un paradis d'ornithologie et de nature préservée.

« – Eh ! qu'aimes-tu donc, extraordinaire étranger ?
– J'aime les nuages... les nuages qui passent... là-bas... là-bas... les merveilleux nuages ! »

CHARLES BAUDELAIRE, *L'Étranger*

TERROIRS et BALADES • en France •

Dans les pas des huguenots

Poët-Laval.

Voilà près de 350 ans, 200 à 300 000 huguenots – les protestants chassés par la révocation de l'Édit de Nantes –, refusant de renier leur foi, ont fui le royaume de France de l'époque. Un itinéraire balisé, reconstitué par des passionnés après des recherches documentaires régionales minutieuses, rappelle cette longue marche et accompagne le randonneur tout le long d'un **trajet riche de merveilles de la nature, d'histoire et de culture, idéal à parcourir en juin.**

Sur le flanc des collines drômoises démarre le discret sentier, au départ du Poët-Laval. Puis jusqu'à Genève s'enchaînent des chemins sinueux, traversant des vignes et des forêts de pins sylvestres, alternant patrimoine religieux naturel ou bâti. Avec quelques dénivelés à gravir, comme l'ascension du pas de Bret, avec cet escalier naturel qu'ont formé les racines des arbres au fil des siècles. Étape possible à l'abbaye cistercienne de Valcroissant, puis après Genève des étapes suisses et allemandes afin de réaliser l'intégralité du circuit. Une initiative orchestrée par la Fédération française sur les pas des huguenots et des Vaudois et ses relais dans les pays limitrophes, qui a reçu le label de l'Itinéraire culturel européen.

Le village de Poët-Laval, départ du sentier.

Le goût de GÉO

LE RIZ D'OMAN

Oman entre en juin dans la période où la récolte de certaines variétés de riz peut commencer dans quelques régions agricoles. Riche de 1 001 saveurs, la cuisine du Sultanat d'Oman est le fruit d'influences principalement indiennes et libanaises. Elle se décline autour du riz, incontournable pour accompagner la majorité des plats, et agrémenter viandes ou poissons d'épices parfumées ou de sauce piquante. Le biryani, au poulet, à l'agneau ou encore aux légumes, est par ailleurs considéré comme le plat national omanais. Inspirez-vous de ces compositions multiples pour aromatiser, colorer ou donner du croquant au riz dans l'ensemble de vos préparations : noix de cajou, mélange d'épices, graines de cardamome, oignons croustillants ou poivrons, les idées sont variées pour transformer un accompagnement blanc et un peu austère en un festival de saveurs aux teintes plus chaleureuses et appétissantes.

GRANDS voyageurs

Amelia Earhart (1897-1937)
Pionnière de l'aviation féminine

Cette aviatrice américaine fut la première femme à traverser l'Atlantique en avion en juin 1928 puis en solitaire quatre ans plus tard, surmontant ainsi les préjugés sexistes particulièrement tenaces dans le monde de l'aviation de l'époque. Née dans le Kansas, volontaire comme aide-soignante pendant la Première Guerre mondiale, un baptême de l'air lui révéla sa passion pour les airs. Détentrice de nombreux records, modèle pour des générations de femmes à poursuivre des carrières dans l'aviation, elle disparut dans le Pacifique en 1932 avec son navigateur Fred Noonan, en tentant de réaliser le tour du monde par l'est, en passant par l'équateur. Sa vie a été portée à l'écran à de multiples reprises, et elle demeure aujourd'hui encore une figure incontestée de la découverte du monde au féminin.

CULTURE

Curieux gentilés

Saint Antoine de Padoue est célébré le 13 juin… mais il s'agit aussi d'une commune du Doubs. Saurez-vous nommer ses habitants ? Et parmi d'autres curiosités, comment s'appellent ceux de Bourg-la-Reine (Hauts-de-Seine) ?

Il s'agit des Réginaburgiens pour les seconds et des… Chats-Borgnes pour les premiers. En effet, il est fréquent, dans le Doubs, et le Haut-Doubs notamment, que les gentilés correspondent à une page de l'histoire locale, plus qu'à un pur dérivé du nom du lieu initial, et ce nom très inattendu semble en résulter… sans toutefois que les experts ne sachent dire très exactement d'où il provient !

La baie de Quiberon.

L'arche de port blanc dans la presqu'île de Quiberon.

TERROIRS et BALADES • en France •

Le trésor du Morbihan

Des sources de balades infinies ! Plus de 60 itinéraires pédestres ou cyclables, voire à cheval, sont répertoriés pour découvrir les 1 001 visages de la baie de Quiberon… dont sa presqu'île, ce trésor du Morbihan. Elle était une île, sans doute jusqu'au Moyen Âge, avant que les courants marins ne la rattachent au continent par un tombolo, cette flèche de sable longue de sept kilomètres qui débute près de Plouharnel et dont la partie la plus étroite ne dépasse pas aujourd'hui la vingtaine de mètres de large. L'isthme de Penthièvre constitue la petite bande de terre et de sable qui relie la presqu'île au continent. La mer recouvre parfois encore la route par grande marée si le vent du sud-est est de la partie.

Tentez cette boucle au départ de Saint-Pierre, qui traverse les ruelles du village de Kerhostin, contourne le fort de Penthièvre, permet de contempler l'ancien port de pêche de Portivy puis d'admirer la Côte sauvage, avec ses sites mégalithiques, ses plages de sable fin et l'océan, à perte de vue. Ne manquez pas sur votre trajet la pointe du Percho, l'arche de port blanc à Saint-Pierre-Quiberon, le château Turpault ou encore la pointe du Conguel à Quiberon. Même si le plein été est idéal pour profiter des lieux, **préférez juin pour éviter la foule** et bénéficier des journées les plus longues et de la diversité des vues qu'offre la presqu'île… côté baie ou côté océan.

TERROIRS et BALADES • en France •

Le sauvage cirque d'Artout

Authentique, simplement magnifique, tout particulièrement lors des longues journées du mois de juin. Les qualificatifs manquent pour décrire ce site du Puy-de-Dôme en Auvergne, dans l'une des principales vallées glaciaires du Massif central et qui abrite une forêt centenaire. Sans doute l'une des plus belles randonnées du département, ce cirque représentant un grand intérêt biologique et écologique qui lui a d'ailleurs permis d'être classé zone Natura 2000 au sein de l'Union européenne pour son patrimoine naturel, sa faune et sa flore. Au fil des points de vue époustouflants qui s'y enchaînent, on peut avoir la chance d'apercevoir notamment quelques chamois, en chemin depuis les monts du Cantal et les monts Dore...

FLASH MÉTÉO du monde

En juin...

À Pise (Italie)	À New York (États-Unis)	À Reykjavik (Islande)
De 15 à 27 °C	De 18 à 28 °C	De 7 à 13 °C
3 jours de pluie	8 jours de pluie	10 jours de pluie

TRADITIONS DU MONDE

Luminara di San Ranieri PISE

Depuis 1688, dans la nuit du 16 au 17 juin, rayonne chaque année la Luminara di San Ranieri, une fête magique dédiée au saint patron de la ville fêté le lendemain : près de 70 000 bougies sont placées dans des verres, suspendus à des cadres en bois blanc, les *lin*. Ponts, églises et tours qui surplombent l'Arno sont alors magnifiés par ces lueurs éphémères, jusqu'à la fameuse tour penchée, éclairée par des lampes à huile posées sur les créneaux des remparts entourant le Campo dei Miracoli. Des milliers de bougies flottantes sont ensuite déposées sur l'Arno, où elles voguent tranquillement au fil du courant. Les festivités s'achèvent par un splendide feu d'artifice. Une tradition séculaire, spectaculaire et unique.

• MOTS D'AILLEURS •

Gargoulette

Extrait de *L'Encyclopédie* de Diderot et d'Alembert, vol. VII, 1757 (orthographe respectée)

« La gargoulette est un vase de terre du Mexique, extrèmement legere & transparente. Ce vase est double, c'est-à-dire qu'il y en a deux en partie l'un dans l'autre. Le premier, ou supérieur, a la forme d'un entonnoir qui n'est pas percé, dont le bout est enchâssé dans le second, ou inférieur. Celui-ci a un petit goulot, comme une théyere, pour rendre la liqueur qu'il a reçûe. C'est dans le supérieur qu'on verse la liqueur, d'où elle passe en filtrant dans celui de dessous. On met une attache aux ances de la gargoulette, pour la suspendre à l'ombre, & l'eau y devient d'une grande fraîcheur.

Mais les gargoulettes des Indes orientales, faites avec la terre de Patna, sont encore au-dessus de celles du Mexique. Ce sont des bouteilles assez grandes, capables de contenir autant de liqueur qu'une pinte de Paris ; cependant elles sont si minces & si legeres, qu'elles pourroient être enlevées en l'air, étant vuides, par le souffle seul, comme les boules d'eau de savon que font les enfans. On se sert de ces sortes de vases pour rafraîchir l'eau dans un lieu frais, & l'on dit que dans le pays cette eau y contracte une odeur & un goût très-agréable.»

BON VOYAGE

DUBLIN, LE BLOOMSDAY IRLANDE

Le 16 juin se tient chaque année le Bloomsday, en hommage à l'écrivain irlandais James Joyce, dont l'action du chef-d'œuvre *Ulysse* se déroule ce jour précis, en 1904. La fête tient son nom du personnage principal, fictif, Leopold Bloom. Elle mêle fiction et réalité dans les endroits qu'il fréquente dans le roman. Depuis sa toute première célébration le 16 juin 1954 à Dublin, les admirateurs de James Joyce perpétuent la tradition en se vêtant à l'élégante mode édouardienne du début du XXe siècle, parcourant la ville en citant des passages de l'œuvre et organisant des lectures dans des lieux emblématiques. Sans oublier bien entendu leur traditionnelle tournée des pubs.

Après la célèbre Saint-Patrick le 17 mars, le Bloomsday est sans doute la plus importante des fêtes célébrées par la communauté irlandaise. C'est la période idéale pour visiter la capitale de l'Irlande sous un angle traditionnel et littéraire, en suivant des circuits pédestres déclinés pour ce festival emblématique, sur la base d'une carte téléchargeable des 24 lieux d'Ulysse, créée par le James Joyce Center. L'occasion de profiter des températures douces qui précèdent l'été, tout en dégustant (ou non) des rognons de mouton grillés, le plat tant apprécié de M. Bloom !

Le célèbre pont Ha Penny à Dublin sur la Liffey.

CULTURE — Le saviez-vous ?

❶ Aller à Tataouine… Dans l'imaginaire collectif, c'est loin, très loin… Un bout du monde, un enfer perdu au milieu de nulle part. Savez-vous d'où vient cette expression ? Tataouine…

A. … était un bagne redouté aux portes du désert tunisien.
B. … a été inventé par Voltaire dans *Candide* comme pays du bout du monde.
C. … est la contraction de « tata chouine », un lieu où on n'exilerait sa pire tante sans détour.
D. … ne correspond en réalité à aucune réalité géographique ni culturelle.

❷ Tout comme aller à Pétaouchnok, cette expression a son équivalent dans toutes les langues à travers le monde, avec des équivalents souvent très imagés. Ainsi, comment se traduirait-elle par exemple en espagnol ? Aller…

A. … là où même le désert n'avance plus.
B. … là où le vent a fait demi-tour.
C. … là où le torero renonce à l'arène.
D. … là où le diable a perdu son poncho.

RÉPONSES

❶ A. Tataouine désignait ce bagne du début du XXe siècle aux portes du désert tunisien, si long à rejoindre… et si difficile à quitter, aux conditions de détention très dures pour les condamnés.

❷ B. Et pour l'anecdote, si les Espagnols évoqueront que même le vent y a fait demi-tour… ce sont les Chiliens qui opteront, eux, pour la réponse D !

ZOOM SUR… ZOOM SUR… ZOOM SUR…

Le solstice
20 ou 21 juin

Selon les années, le solstice d'été a lieu à cette date. Un mot issu du latin *solstitium*, composé de *sol* (soleil), et de *sistere*, «s'arrêter», car le Soleil semble alors rester stationnaire pendant quelques jours, au plus haut dans le ciel, et donc le plus éloigné de l'équateur. C'est le plus long jour de l'année.

« En voyage, on s'arrête, on descend de voiture ;
Puis entre deux maisons on passe à l'aventure,
[…]
Et voici tout à coup, silencieuse et verte,
Une vallée humide et de lilas couverte,
Un ruisseau qui murmure entre les peupliers,
Et la route et le bruit sont bien vite oubliés ! »

GÉRARD DE NERVAL, *Le Relais*

HOMMES & FEMMES du MONDE

LES PÊCHEURS DU GROENLAND À QAQORTOQ

Sous une température plus clémente en juin d'environ 10 °C, dans ce port, le plus méridional du Groenland, sans doute le plus vert du pays – bien qu'il signifie « La Blanche », sans doute en référence aux blocs de glace dans ses eaux mais aussi aux parterres de marguerites qui recouvrent ses terres à la belle saison –, la pêche demeure une activité essentielle, pratiquée depuis des temps reculés. Sur ce littoral sud près du cap Thorvaldsen, à l'extrémité est de la mer du Labrador, les bateaux doivent se faufiler avec grande vigilance à travers les blocs de glace que la banquise fracturée crée chaque jour. Outre leur expertise de la pêche, à la morue ou au flétan notamment, les hommes doivent aussi maîtriser à chaque instant l'habile navigation de leurs embarcations, pour éviter de briser leurs coques contre ces obstacles mouvants, sans cesse renouvelés. Tout comme la pêche, la chasse permet aux familles de se nourrir et de disposer de quelques revenus. Elles sont profondément ancrées dans la culture de ces populations de l'arc polaire, de leur enfance jusqu'à un âge avancé, quelles que soient parfois leurs autres activités professionnelles par ailleurs. Un mode de vie traditionnel aujourd'hui mis en danger par l'évolution de la consommation ou du tourisme, dans ces territoires toujours plus ouverts au monde.

EN PLEINE NATURE

LE GENÉVRIER DE SAINT-CRÉPIN

Un arbre remarquable, de 10 mètres de haut, presque 20 mètres de large et d'une circonférence de 7 mètres ! Le genévrier thurifère (ce qui signifie « porte-encens »), d'ordinaire d'environ 6 mètres de haut, se caractérise par une croissance extrêmement lente, des formes tortueuses et une très grande longévité. On l'appelle aussi genévrier « à encens », par l'odeur qu'exhale son bois, et il demeure rare en France. Celui de Saint-Crépin (Hautes-Alpes) s'avère exceptionnel, par son âge comme par sa forme : son écorce plissée fait songer à la peau d'une éléphante – car il s'agit là d'un genévrier femelle –, qui serait venue trouver refuge dans le massif des Écrins ! Cette espèce ne craint ni la sécheresse ni le froid, et se contente d'un sol pauvre, parfois même d'une simple fissure ou d'une cavité rocheuse pour se développer. Il se régénère très facilement lorsqu'il est coupé, brisé ou foudroyé et sa constitution spécifique, à forte teneur en essences aromatiques, le protège contre les parasites. **Seule une microguêpe peut y percer un trou lorsque son cône est le plus mou en juin** et fait l'objet de toutes les attentions pour préserver la vitalité de ce vétéran.

Genévrier thurifère dans les Pyrénées-Orientales.

Une très belle balade pour découvrir ce spécimen et d'autres congénères, plus jeunes, avec des vues splendides sur la vallée et les sommets voisins, sur un sentier aménagé par la commune entre le village de Saint-Crépin et le hameau des Guions, à 1 280 mètres d'altitude. Compter environ 400 mètres de dénivelé et trois heures pour une boucle complète… en prenant le temps pour admirer cette gardienne des lieux.

1001 ESPÈCES

VIVE LES VERS !

Saviez-vous que près de 70 % de la biomasse animale terrestre, humains y compris, se constitue de vers de terre dans les zones tempérées ? 95 % de notre alimentation dépend de la fertilité des sols qu'ils entretiennent, puisqu'un kilo de vers laboure l'incroyable masse de plus de 270 kilos de terre par an. Ceci facilite notamment l'infiltration de l'eau et l'accès des sels minéraux aux plantes. S'il en existe 3 000 espèces à travers le monde, dont une centaine en France, leur population s'avère hélas en chute libre, sous l'effet des pesticides ou des monocultures.

TRADITIONS DU MONDE

Matariki, le Nouvel An maori
Nouvelle-Zélande

Matariki à Wellington.

Depuis la fin du XIXe siècle, le Nouvel An maori, le Matariki, n'avait rien d'officiel. Grâce à la persévérance de chercheurs et de Maoris – peuple autochtone de Nouvelle-Zélande –, pour le faire reconnaître, une loi a été acceptée en ce sens et **il est depuis 2022 célébré officiellement comme jour national, la dernière semaine de juin.**

Matariki est aussi le nom donné par les Maoris à la constellation des Pléiades, ces neuf étoiles visibles dans le ciel néo-zélandais durant les jours les plus courts de l'année, qui annoncent la promesse d'une nouvelle ère. Parfois considérées comme neuf sœurs célestes, ou une mère et ses huit filles, leur célébration témoigne du respect des aïeux dans la tradition locale, et du lien que ce passage d'une nouvelle année peut permettre d'entretenir spirituellement avec ses ancêtres disparus.

Ces jours marquent localement le début de la célébration traditionnelle de ce Nouvel An maori, qui a donc lieu en juin ou tout début juillet selon les dates de montée de la nouvelle lune. Des célébrations festives rappellent pendant trois jours coutumes, contes, musiques et danses traditionnelles. Avec une attention particulière aux cerfs-volants, symboles historiques de cette connexion entre la terre et le ciel dans la culture maorie.

TERROIRS et BALADES • en France •

Port-Racine, à l'abri du tumulte

À l'extrême pointe ouest du Cotentin, au lieu-dit Le Pont des Vaux au cœur de l'anse Saint-Martin, sur la côte nord de La Hague, se trouve ce port de mouillage, réputé comme l'un des plus petits de France, où mouillent quelques canots – de 5,50 m de long et 2 mètres de large maximum. Le lieu doit son nom à François-Médard Racine, un corsaire qui estima le site parfaitement abrité pour son navire, à la fin de l'ère napoléonienne. Avec son charme discret et des paysages environnants fort similaires aux côtes irlandaises, **Port-Racine est un point de départ idéal, en juin, à la belle saison, pour randonner sur le GR® 223,** sentier du littoral. Jacques Prévert y possédait un pied à terre à Omonville-la-Petite et savourait lui aussi ces lieux, dont la douceur et la poésie ne lui étaient pas étrangères…

« Un voyageur qui manque d'observation est un oiseau sans ailes. »

GÉRARD DE NERVAL, *Le Relais*

À VOUS DE JOUER

Jeu des 7 capitales

De quel pays les villes suivantes sont-elles la capitale ?

❶ Stockholm
A. Norvège
B. Finlande
C. Suède

❷ Oulan-Bator
A. Suriname
B. Mongolie
C. Rwanda

❸ Sucre et La Paz
A. Colombie
B. Équateur
C. Bolivie

❹ Vilnius
A. Lettonie
B. Lituanie
C. Estonie

❺ Naypyidaw
A. Birmanie
B. Serbie
C. Suriname

❻ Minsk
A. Biélorussie
B. Ukraine
C. Arménie

❼ Thimphou
A. Bhoutan
B. Géorgie
C. Mozambique

RÉPONSES
❶C. ❷B. ❸C. ❹B.
❺A. ❻A. ❼A.

En route pour les vacances

Le solstice d'été fin juin marque le début de la période estivale, synonyme de vacances pour bien des pays de l'hémisphère Nord… Où que vous soyez, bel été à vous avec ces quelques jeux !

Les sept différences

Retrouvez les 7 différences qui se sont cachées entre ces deux images de bord de mer à Quiberon, en Bretagne.

Solution : voir p. 326

Mots mêlés

Retrouvez dans cette grille tous les mots indiqués ci-dessous, qui correspondent à des sujets abordés quelque part dans cet almanach ! Les mots sont à l'horizontale de droite à gauche ou de gauche à droite, à la verticale de haut en bas ou de bas en haut, en diagonale, et une même lettre peut servir à plusieurs mots.

Si certains d'entre eux vous sont inconnus, reportez-vous aux index en fin d'almanach pour retrouver où ils sont traités et découvrir leur localisation ou leur signification selon le cas. Bon jeu et bonne découverte !

I	A	A	L	V	P	Q	R	D	S	E	Q	S	K	L	O
M	I	U	I	I	M	A	J	E	F	I	D	H	I	Z	R
A	G	T	S	Y	V	A	C	F	M	I	L	I	W	E	A
R	O	O	U	E	D	I	U	A	K	F	Y	B	I	P	S
U	U	T	Y	O	R	R	N	D	S	R	N	A	O	E	J
O	A	O	A	E	T	B	I	G	L	K	X	M	D	S	S
G	L	R	J	T	S	K	R	W	S	X	A	A	S	D	I
D	N	A	L	T	E	H	S	A	S	T	M	Y	A	W	O
S	U	O	M	U	O	H	G	Z	E	L	O	M	A	N	N
O	U	I	S	T	I	T	I	I	O	E	B	N	O	D	N
T	S	U	N	D	O	K	U	D	N	U	S	N	E	G	I
A	Y	E	R	S	R	O	C	K	L	G	N	I	A	W	F
B	O	K	I	A	T	K	K	L	C	A	K	R	L	U	D
M	D	O	G	O	N	S	A	W	H	K	E	O	Z	O	D
O	W	M	N	S	Y	D	N	E	Y	S	M	A	H	C	C
W	H	A	T	S	H	E	P	S	O	U	T	W	B	R	D

AIGOUAL
ARBRES
AYERSROCK
CHAMS
COLISÉE
DAMBULLA
DAYAKS
DIKDIK
DJADO
DOGONS
DOLMADES
FINNOIS
GARES
GINGKO
GOURAMI
HANNON
HATSHEPSOUT
HOUMOUS
JAYUS
KIWI
LIVINGSTONE
LYNX
OUISTITI
PACA
ROTORUA
SHETLAND
SHIBAM
SILBO
SYDNEY
TAIKO
TRUFFE
TSUNDOKU
WOMBAT

Solution : voir p. 322

Labyrinthe géant

Retrouvez le trajet menant ce touriste au sommet de la montagne, en collectant les lettres dans le bon ordre au fil de son passage : elles vous permettront de reconstituer cette citation de Jorge Luis Borges.

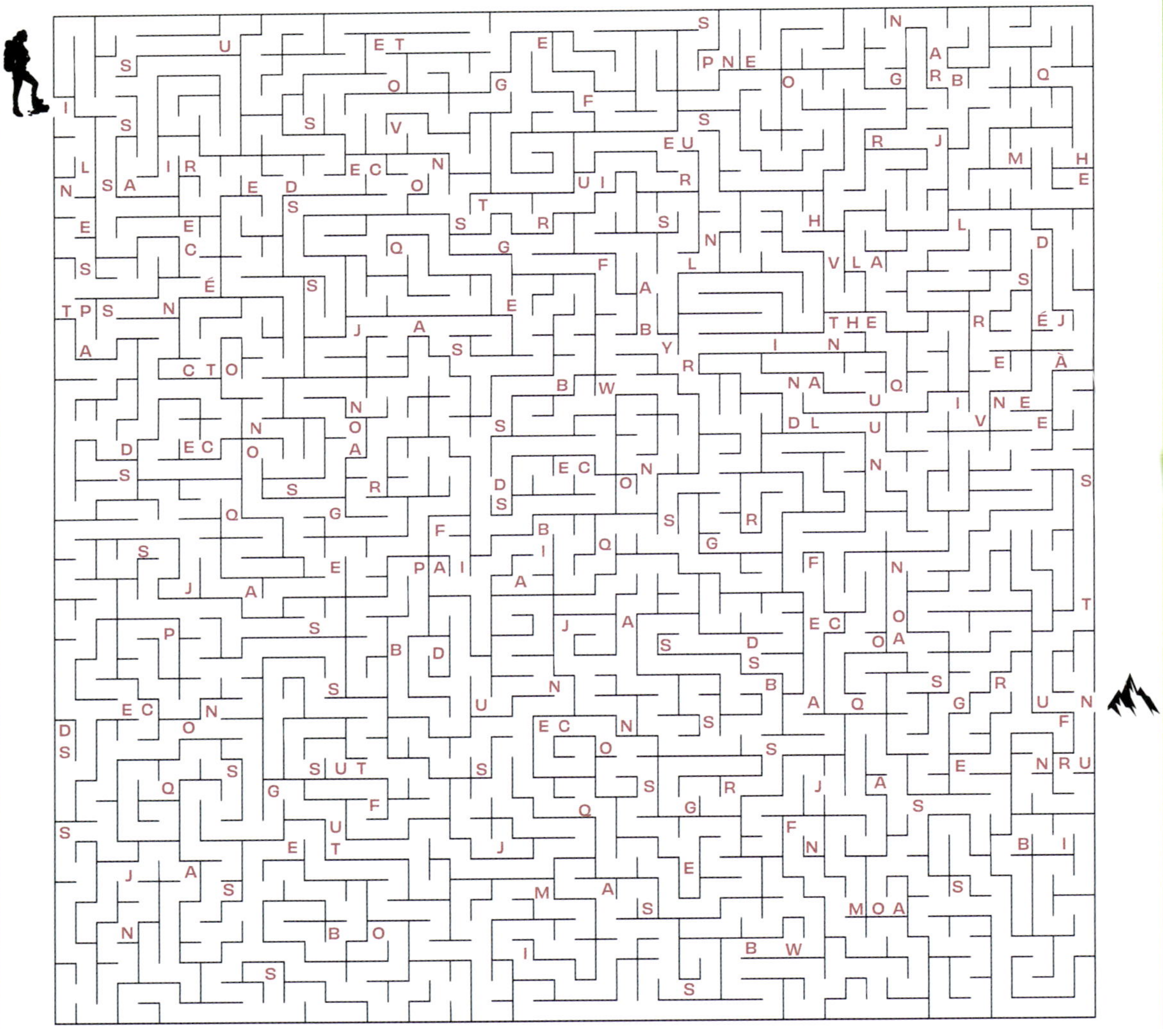

_ _   _'_ _ _   _ _ _   _ _ _ _ _ _ _ _ _ _ _   _ _   _ _ _ _ _ _ _ _ _ _ _   _ _

_ _ _ _ _ _ _ _ _ _ _ _   _ _ _ _ _   _'_ _ _ _ _ _ _ _   _ _ _ _   _ _   _ _ _   _ _.

Jorge Luis Borges

Solution : voir p. 325

Lac de Roselend, Savoie, France.

La chapelle de Boëdic, à l'extrémité nord de l'île du même nom, dans le golfe du Morbihan, appartient aujourd'hui à un propriétaire privé.

Juillet

Un festival d'idées de destinations estivales, sélectionnées idéalement pour ce mois de juillet : paradis tropical de Bazaruto (p. 164), fête des steppes en Mongolie (p. 168), mais également trek suédois (p. 175), promenade à Cuba (p. 172), ou cap sur les États-Unis (p. 182), à pied, en bateau ou sur les rails. Sans oublier la richesse des terroirs français et leur infinie variété, dont ce mois synonyme de congés pour certains permettra tout particulièrement de profiter… par le voyage ou par le jeu (p. 184) : pour s'émerveiller des trésors naturels de la France, véritable planète en soi !

Éphéméride express

N'oublions pas à travers le monde :

- **Salve de fêtes nationales à travers le monde :**
1er juillet. Canada – 4 juillet. Independence Day aux États-Unis – 14 juillet. France – 20 juillet. Colombie – 21 juillet. Belgique – 26 juillet. Liberia – 28 juillet. Pérou.
- **7 juillet.** Tanabata : fête des étoiles, Japon.
- **11-13 juillet.** Naadam (p. 168), Mongolie, festival traditionnel.
- **Et en musique**, 1 001 festivals en France (Eurockéennes de Belfort, Vieilles Charrues à Carhaix, Francofolies à La Rochelle…) et à travers le monde : Festival international de jazz de Montréal (fin juin-début juillet), Canada. Festival de Bayreuth (fin juillet-août), Allemagne, dédié aux dix principaux opéras de Richard Wagner.

← Plage de Megano, Cuba.

BON VOYAGE

BAZARUTO PARADIS TROPICAL

Parc national depuis 1971, pour le plus grand bonheur de la nature environnante, une partie de l'archipel de Bazaruto au Mozambique recèle un véritable paradis tropical préservé, avec des milliers d'espèces des plus variées : tortues luths, poissons, dauphins, pélicans ou baleines à bosse lors de leur migration de juin à septembre… ainsi que la dernière population de dugongs des côtes africaines. **Privilégiez la saison sèche entre juin et octobre** pour bénéficier d'un ciel quasi immaculé et profiter des eaux limpides, avec plongée et *snorkeling* idylliques en perspective…

À VOUS DE JOUER

Mini-jeu

Retrouvez les noms de ces animaux (indice : ils sont tous présentés dans cet almanach), dont les lettres ont été classées par ordre alphabétique.

1 AEEPRSSUX _ _ _ _ _ _ _ _ _

2 IIOSTTU _ _ _ _ _ _ _

3 AACP _ _ _ _

4 ABMOTW _ _ _ _ _ _

5 DDIIKK _ _ _ _ _ _

RÉPONSES

1 PARESSEUX 2 OUISTITI 3 PACA 4 WOMBAT 5 DIK-DIK

Dune de sable de l'île de Bazaruto.

« Une île est un petit monde en abrégé. »

BERNARDIN DE SAINT-PIERRE, écrivain

ZOOM SUR... ZOOM SUR... ZOOM SUR... ZOOM SUR... ZOOM SUR... ZOOM SUR... ZOOM SUR... ZOOM SUR... ZOOM

Deux châteaux d'exception à visiter

1 Neuschwanstein, Allemagne

Construit à la fin du XIXe siècle pour le solitaire roi Louis II de Bavière par Christian Jank et Eduard Riedel, cette folie romantique dans son style néo-gothique est exceptionnelle à bien des égards : plus de 400 000 tonnes de briques et 465 tonnes de marbre nécessaires à sa construction, une édification à flanc d'un éperon rocheux au milieu d'une forêt de sapins… et une source d'inspiration infinie pour les contes de fées du siècle suivant ! Le château de la Belle au bois dormant de Walt Disney, jusqu'au logo de la compagnie, en sont d'ailleurs de bons témoins dans l'imaginaire collectif. Avec environ 200 pièces sur plus de 6 000 m² (dont 15 sont aménagées actuellement), il disposait d'un confort très moderne, jusqu'à l'eau chaude et froide ou les broches à rôtir automatiques en cuisine ! En pièce maîtresse, la magistrale salle du trône… sans trône toutefois, le roi étant mort avant sa construction. Et pour rendre votre visite inoubliable, un conseil GEO : pour prendre de la hauteur et admirer au mieux le paysage romantique dans lequel s'inscrit le château, se rendre sur le Marienbrücke, un pont en fer qui surplombe de 92 mètres le fond de la gorge de la Pöllat.

2 Himeji, Japon

Quelle majesté, sur sa colline, pour ce trésor national, l'un des plus anciens bâtiments du Japon médiéval ! Inscrit au patrimoine mondial de l'Unesco, construit entre 1333 et 1618, c'est l'un des douze derniers châteaux japonais dont le *tenshu* (donjon) en bois est encore authentique. Une blancheur immaculée qui lui vaut son nom de château « du Héron blanc », ses toits ondulés ornés de poissons fantastiques, tout concourt à son allure unique, élégante, raffinée et féerique à la fois…

ZOOM SUR... ZOOM SUR... ZOOM SUR... ZOOM SUR...

Le chêne d'Allouville Normandie

Saviez-vous que le plus vieux chêne d'Europe est sans doute français ? En plein pays de Caux, des dizaines de milliers de visiteurs se pressent chaque année pour admirer cet arbre remarquable, contemporain de... Charlemagne, dans la petite commune d'Allouville, non loin d'Yvetot. **Une escapade normande idéale en juillet** pour découvrir ce chêne pédonculé, inestimable trésor local, qui aurait plus de 1200 ans et mesure 18 mètres de hauteur pour 16 mètres de circonférence. Il a sans doute vu défiler les troupes de Guillaume le Conquérant au XIe siècle, s'est vu intégrer deux chapelles dans son tronc creux au XVIIe siècle, devenir au cinéma l'épicentre d'une comédie burlesque très franco-française portant son nom au XXe siècle, jusqu'à bénéficier aujourd'hui d'une surveillance plus accrue que jamais, pour éviter invasion de chenilles, tempêtes dévastatrices ou déshydratation estivale.

GRANDS voyageurs

Edmund Hillary (1919-2008) Le pionnier de l'Everest

Néo-Zélandais né en 1919, l'alpiniste et explorateur Edmund Hillary a marqué l'histoire en gravissant pour la première fois les 8 848 mètres du toit du monde, l'Everest, avec le sherpa Tensing Norgay, en 1953. Des mois de préparation nécessaires, des dépôts préalables de vivres et de matériel jusqu'à 8 500 mètres s'avéreront indispensables pour mener à bien cette expédition que près d'une dizaine d'explorateurs avaient tentée en vain auparavant. Près de 400 hommes dont dix alpinistes, 28 sherpas et 350 porteurs participeront à cette ascension pionnière... et hors norme dans sa réalisation.

Hillary gravira par la suite plus de dix autres sommets de l'Himalaya (c'est par ailleurs la Japonaise Junko Tabei, en 1975, qui sera à son tour la première femme à atteindre le sommet de l'Everest... et multipliera ensuite de nombreux autres exploits). Hillary sera le premier homme à atteindre chacun des deux pôles du globe, lors d'expéditions ultérieures. Philanthrope, il se consacre ensuite à l'aide en faveur du peuple sherpa, et devient une figure emblématique de l'exploration du monde en conditions extrêmes. Il meurt en 2008, avec l'honneur rare de funérailles nationales dans son pays natal.

LA FÊTE DES STEPPES À OULAN-BATOR

Chaque année, du 11 au 13 juillet, se tient le Naadam dans la capitale mongole : à la fois festival et fête nationale, célébrant depuis 1921 l'indépendance de la Mongolie, quelques années après qu'elle l'a regagnée vis-à-vis de la Chine. La plus grande fête traditionnelle de l'empire des steppes est un véritable patrimoine national qui se déroule autour de trois jeux traditionnels : la course de chevaux, la lutte mongole et le tir à l'arc.

Si les femmes peuvent désormais prendre part aux épreuves de tir à l'arc et les jeunes filles aux courses de chevaux, les épreuves de lutte demeurent en revanche purement masculines. Le lancer d'osselets est un autre jeu populaire traditionnel mis à l'honneur pendant ces festivités, employant des osselets de mouton, les *shagaï*, utilisés à la fois comme pièces de jeu et comme jetons de divination. Ce festival et ces jeux sont intimement liés au mode de vie nomade des Mongols, et s'articulent autour des traditions orales, des arts du spectacle, des plats nationaux et de l'artisanat du pays. Du premier jour qui comporte cérémonie d'ouverture, défilé et spectacles traditionnels jusqu'au tout dernier se succèdent jeux et pratiques culturelles locales comme le chant long, le chant diphonique Khöömei, la danse Bii biyelgee ou le violon à deux cordes, le *morin khuur*.

Une occasion inouïe pour le voyageur de partager ces trésors culturels, ainsi que la liesse et l'enthousiasme communicatifs des Mongols pendant ce festival, pour certains vêtus de costumes traditionnels. Et surtout de déguster la spécialité culinaire du Naadam : les *khuushuur*, ces délicieux beignets frits à la viande. Une expérience unique !

La yourte est l'habitation traditionnelle de la vie nomade en Mongolie.

TERROIRS et BALADES • en France •

Sur les traces de Stevenson

Pour échapper à la morosité et partir à la recherche de l'âme camisarde, l'écrivain écossais Robert Louis Stevenson entreprit en 1878 un périple solitaire, une quête initiatique, de Monastier-sur-Gazeille (Haute-Loire) à Saint-Jean-du-Gard (Gard), accompagné de son ânesse, Modestine. Le tronçon cévenol de ce chemin, qui démarre à Florac, est un parcours vallonné, à l'ombre des châtaigniers, en pleine nature authentique, propice à la marche et à la méditation… Aujourd'hui, un sentier complet, le GT® 70, balisé en l'honneur de Stevenson aux couleurs bleue et blanche de l'Écosse, qui démarre du Puy-en-Velay et s'achève à Alès sur 272 kilomètres, reprend les trois quarts du chemin originel du célèbre écrivain et quelques compléments d'itinéraires spécialement tracés, dans une nature à l'état brut. **Un parcours idéal en juin ou juillet,** entre fraîcheur matinale de la forêt et premières chaleurs estivales.

CULTURE

Mots nouveaux

Connaissez-vous ces deux récents élus par le *Larousse* ou le *Petit Robert* ?

❶ Si vous souffrez d'écoanxiété, quelle est votre angoisse ?

A. L'inflation, hausse des prix et baisse du pouvoir d'achat
B. Le saccage des sites naturels et préservés
C. Le dérèglement climatique
D. Les effets pervers du plastique sur l'environnement

❷ En Savoie, qu'est-ce qu'un monchû ?

A. Un touriste en quête d'air pur
B. Un guide de haute montagne expert de la faune locale
C. Une boisson revigorante
D. Une pâtisserie à base de baies

RÉPONSES

❶ C. Le *Petit Robert* a intégré ce nouveau terme dans son édition 2023, symptôme de société croissant pour désigner l'anxiété provoquée par les menaces environnementales qui pèsent sur notre planète.

❷ A. Terme familier, voire péjoratif ou par plaisanterie, entré récemment au *Larousse* : « Vacancier en quête d'air pur (Parisien, particulièrement), qui séjourne dans les Alpes et dont on raille souvent la maladresse, l'accoutrement, voire la méconnaissance des usages locaux : encore un monchû qui part randonner en sandalettes. »

1001 ESPÈCES

LE KIWI

Cet oiseau nocturne, endémique de la Nouvelle-Zélande, doit son nom au mot maori *kivi-kivi* qui le désigne depuis toujours. Et si le fruit porte aujourd'hui le même nom, c'est surtout par analogie à sa forme et à sa couleur gris-brun. De la taille d'une petite poule, il possède des ailes mais ne peut pas voler. Sa principale caractéristique est son long bec, au bout duquel se trouvent ses narines, lui procurant ainsi un excellent odorat… qui compense une vue assez sommaire. Omnivore, c'est le mâle qui couve l'œuf pondu par la femelle, qui l'aura au préalable prévenu de sa ponte et incité à assurer la couvaison en le piquant de son long bec ! Le kiwi vit de 30 à 35 ans et constitue aujourd'hui une espèce menacée, principalement par la déforestation et les nouveaux prédateurs locaux.

À VOUS DE JOUER

Mini-jeu visuel

14 juillet, fête nationale en France !

Mais qu'en est-il de nos voisins espagnols ? Retrouvez combien de palmiers de toutes tailles sont cachés ci-dessous pour trouver le jour et relevez les lettres qui ne sont pas en triple ci-dessous pour reconstituer avec les lettres restantes le mois concerné.

_ _ _ _ _ _ _ _ _

RÉPONSE : en Espagne, la fête nationale, qu'on appelle aussi jour de l'hispanité, est célébrée le 12 octobre en commémoration de la découverte de l'Amérique en 1492.

MERVEILLES du PATRIMOINE

MALECÓN
LA PROMENADE DES ANGLAIS CUBAINE

Parfois facétieusement appelé « le plus grand canapé du monde », le Malecón (en français : « la jetée ») déambule sur 8 kilomètres de long au nord de La Havane, à Cuba. La capitale, tournée vers le large, face au détroit de Floride, dispose de cette promenade de front de mer composée d'une large chaussée et d'une digue édifiée sur le cordon littoral rocheux, lieu incontournable et populaire de rencontres et de fêtes pour les Cubains et les touristes. L'avenue Maceo, de son vrai nom, relie le quartier de La Habana Vieja à celui du Vedado, et voit se succéder de nombreux bâtiments et monuments clés de l'histoire de La Havane, témoins d'un patrimoine architectural riche et varié : tour de guet du XVIIIe siècle, maisons anciennes typiques, palais coloniaux ou figures mythiques de l'indépendance de Cuba…

Un site idéal pour savourer l'ambiance cubaine, **profiter de la brise légère ou de quelques gerbes d'écume qui éclaboussent la digue lors des après-midis les plus chaudes de juillet**, au rythme de musiciens toujours nombreux à toute heure de la journée… jusqu'au coucher de soleil, réputé et photographié à l'envi… et pour beaucoup de Havanais, inégalé.

Ci-dessus et page de droite : le Malecón, la très célèbre promenade maritime de Cuba.

À VOUS DE JOUER

Vrai ou faux ?

1. Un albatros peut voler pendant dix mois sans toucher terre.
☐ VRAI ☐ FAUX

2. Un biocarburant à base de chocolat a été testé avec succès par plusieurs pays dans le monde.
☐ VRAI ☐ FAUX

3. Le temps de gestation du hérisson est de trois mois.
☐ VRAI ☐ FAUX

RÉPONSES

1. VRAI. Et les martinets noirs sont plus endurants encore ! 2. VRAI. Des milliers de kilomètres ont notamment été parcourus par des Britanniques ces dernières années grâce à ce nouveau carburant. 3. FAUX. Entre 32 et 37 jours à peine, avec une moyenne de 3 à 4 petits par portée.

> « La promenade, ce n'est pas du tourisme. C'est le plaisir de marcher tranquillement, au gré de ses envies, sans objectif précis. »

JIRÔ TANIGUCHI, auteur de mangas

Sentier de trekking près de Vakkotavare.

Des sentiers en bois ont été construits tout au long du parcours.

BON VOYAGE

TREKKING ET NATURE
À KUNGSLEDEN, SUÈDE

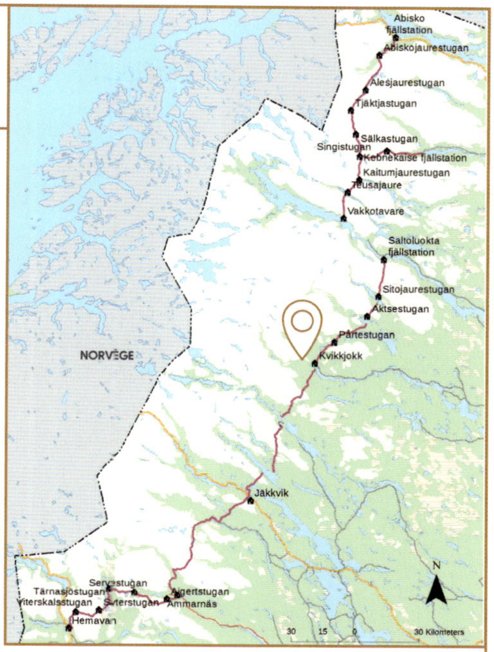

Ce sentier de trekking, sorte de GR scandinave sur près de 450 kilomètres de longueur parcourt la Laponie suédoise de bout en bout. Chacun de ses quatre tronçons, d'Abisko à Hemavan, correspond environ à une semaine de marche, équipés en refuges – approximativement tous les 20 kilomètres. On doit sa création à une association de scientifiques de la fin du XIXe siècle, soucieux de faciliter l'accès aux montagnes suédoises et d'en promouvoir l'âpre splendeur. Entre rivières déchaînées, lacs paisibles – plusieurs traversées sont nécessaires, à rame ou à moteur, sur l'itinéraire – et décors où le minéral fait écho à un ciel polaire, le sentier traverse des terres tout juste peuplées de renards, de rennes ou d'ours… et de moustiques, particulièrement voraces, le seul point de vigilance à anticiper en évitant notamment les shorts, pour ne pas se retrouver dévoré tout au long du parcours !

Un voyage en pleine nature, très sécurisé, parfois un peu difficile pour les néophytes. **Une première randonnée scandinave idéale de juin à mi-août, avec jusqu'à mi-juillet des jours lumineux quasi en continu,** puis en août des nuits claires mais aux températures parfois négatives… Même si techniquement, pour les plus téméraires, le sentier est praticable toute l'année et bénéficie d'un balisage hivernal de qualité.

Nature sauvage près du lac Tjäktja.

TERROIRS *et* BALADES • *en France* •

La commune la moins peuplée de France

Quelle est la particularité de cette commune de la Drôme ? C'est la seule habitée en 2023 par une seule et unique habitante... une Rochefourchatienne également adjointe au maire. Il s'agit de la commune la moins peuplée de France, si l'on excepte les neuf communes « mortes pour la France », inhabitées, qui furent totalement dévastées lors de la bataille de Verdun en 1916 et dont six d'entre elles n'ont jamais été reconstruites – vu notamment la présence de munitions non explosées ou de sols pollués. En surplomb de la discrète vallée de la Roanne, avec ses quelques maisons en pierre, son église, l'ancienne école à la fois mairie et gîte, Rochefourchat témoigne de la désertification rurale du XXe siècle, ayant perdu les quelque 200 âmes qui la peuplaient au début du XIXe. Une promesse assurée de calme et de nature pour les promeneurs et randonneurs.

ROCHEFOURCHAT

TRADITIONS DU MONDE

Bain de boue en Corée du Sud

Fin juillet-début août se tient pendant une quinzaine de jours sur la plage de Daecheon, près de Boryeong (190 kilomètres à l'ouest de Séoul), le festival de... la boue (Boryeong Mud Festival), depuis bientôt trente ans. Riche en nutriments et en minéraux, la boue de cette région est en effet largement employée en cosmétiques et a suscité cette initiative locale aujourd'hui internationalement reconnue ! De grandes structures gonflables remplies de boue sont installées pour les visiteurs, qui peuvent s'en recouvrir pour profiter de ses vertus pour la peau... et d'un divertissement collectif festif, atypique et très apprécié des enfants. Toboggans, concours de lutte, massages, concerts et même « marathon » dans la boue ponctuent les festivités. Une tradition récente mais bien ancrée, à découvrir prioritairement en photos ou en vidéos pour les moins téméraires de cette expérience pas comme les autres.

EN PLEINE NATURE

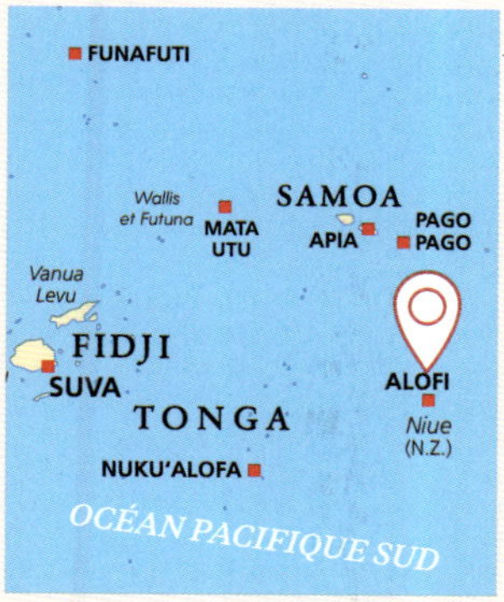

LE ROCHER DU PACIFIQUE

Connaissez-vous Niue ? Ce pays méconnu, dont le nom signifierait en langue locale « voici le cocotier », compte à peine 1 700 habitants et a gagné son indépendance depuis 1974, même s'il reste en libre association avec la Nouvelle-Zélande. Il s'agit de l'un des plus petits territoires au monde (261 km²), et la première nation au monde à devenir en 2020 « sanctuaire international de ciel étoilé »...

Il s'agit d'un atoll surélevé de 60 mètres au-dessus du niveau de la mer, d'une relative fraîcheur au mois de juillet (20 à 26 °C). Il est considéré comme le « rocher du Pacifique », perdu entre les îles Fidji et Cook, dont les eaux abritent un vaste et riche écosystème de coraux, dauphins, tortues et requins. Mais préserver ces richesses naturelles ou surveiller la pêche illégale par des patrouilles, pour un état autonome de si faible taille, constitue chaque jour un véritable défi financier, surtout lorsque croît dangereusement la pollution au plastique, qui met en danger ces trésors sous-marins. Raison pour laquelle le gouvernement a lancé un programme international totalement atypique, de parrainage de l'intégralité de ses eaux territoriales (soit plus de 120 000 km²), pour convaincre particuliers, philanthropes et autres entreprises citoyennes à travers le monde de lui verser 140 euros par mètre carré à préserver en guise de parrainage. L'avenir dira si cet appel à solidarité permettra de subvenir aux moyens nécessaires au fragile équilibre de ce sanctuaire naturel du bout du monde...

ANTIGUA
LE PARADIS DES CARAÏBES

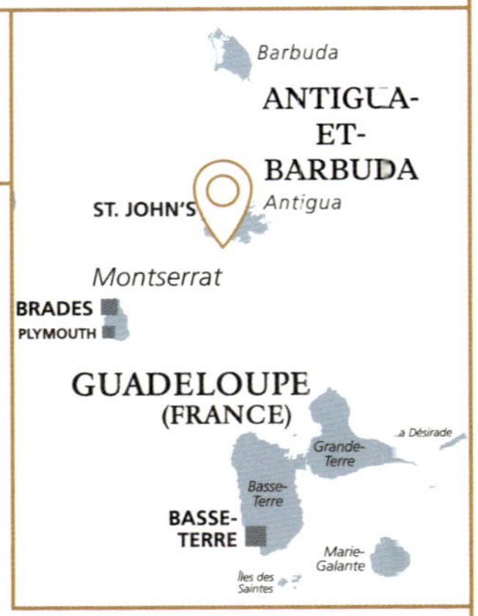

Temps chaud, ensoleillé, peu de pluies avant les ouragans fréquents d'août à novembre : **juillet est en principe la période idéale pour découvrir Antigua,** et assister notamment à son carnaval et festival d'été, avec force fanfares, défilés en costumes, musique soca et autres fêtes endiablées. *Snorkeling* et petites randos à travers les volcans permettront aussi de profiter pleinement des lieux, de jouir de vues panoramiques somptueuses, sans parler des innombrables plages de sable qui ont fait la réputation de cette île des Caraïbes, l'une des deux îles principales de l'État d'Antigua-et-Barbuda. Et avec un peu de chance, peut-être assisterez-vous aussi à l'éclosion de quelques bébés tortues, souvenir inoubliable de votre séjour !

À VOUS DE JOUER

La citation mystère

À chaque lettre de l'alphabet correspond un nombre unique : reportez-les au fur et à mesure dans la grille pour retrouver cette citation de Mark Twain. Solution page 183.

A	B	C	D	E	F	G	H	I	J	K	L	M	N	O	P	Q	R	S	T	U	V	W	X	Y	Z
														25			11		3						

_	O	_	_	_	_	R		_	_	T		_	_	T	_	_		_	_	_
1	25	22	13	19	21	11		21	12	3		4	13	3	13	6		13	23	9

_	_	É	_	_	_	É	_	,
20	11		17	23	19		12	

À		_	'	_	_	T	O	_	É	R	_	_	_	_		_	T		À
		6		2	8	3	25	6		11	13	8	14	21		21	3		

_	'	É	T	R	O	_	T	_	_	_	_		_	'	_	_	_	R	_	T	.
6			3	11	25	2	3	21	12	12	21		16		21	12	20	11	2	3	.

HOMMES & FEMMES *du* MONDE

ILS VIVENT À SAINTE-ANNE

Saviez-vous que si l'on fête les Anne – au féminin et au masculin – le 26 juillet, Sainte-Anne est aussi le nom porté par bien des communes, et dont le nom donné aux habitants varie selon les cas ? Ainsi, les habitants de Sainte-Anne en Guadeloupe sont nommés les Saintannais tandis que ceux de Sainte-Anne dans le Loir-et-Cher sont les Saintannois. Sainte-Anne est également une commune de Martinique, et une autre située dans le Gers porte également ce nom, peuplée cette fois de Sainte-Annois. Quant à Sainte-Anne, dans le Doubs, ses habitants sont les Saintanniers... un vrai casse-tête pour experts en gentilés. Sans compter toutes les villes comportant partiellement ce nom, comme Saint-Anne-d'Auray en Bretagne, ou toutes celles situées plus loin encore à travers le monde, comme St. Anne, ce village américain de l'Illinois !

Statue de Sainte-Anne d'Auray.

EN PLEINE NATURE

L'IRIS À GIVERNY

Cette fleur qui connaît ses plus belles éclosions jusqu'en juillet, possède plus de 210 espèces et illumine les jardins depuis des siècles. Son nom est un emprunt médiéval au latin, lui-même emprunté au grec *Iris*, Iridos désignant la messagère des dieux, qui n'est autre que la personnification de l'arc-en-ciel. Saviez-vous qu'on a d'ailleurs longtemps employé iris pour le désigner ? Puis il fut employé pour qualifier cette partie colorée de l'œil qui environne la prunelle et présente quelquefois des nuances circulaires, finement… irisées. *Le Jardin de l'artiste à Giverny*, tableau de Claude Monet, aussi intitulé *Les Iris*, ou celui de Van Gogh du même nom, leur rend un vibrant hommage, hymne incontesté à la beauté de la nature !

Les Iris, Vincent Van Gogh

• MOTS D'AILLEURS •

Wo-mba

(bakweri)

En bakweri, langue bantoue parlée au sud-ouest du Cameroun, s'il existe bien un mot à la fois poétique, tendre et évocateur… c'est *wo-mba*, qui désigne simplement le sourire d'un enfant pendant son sommeil.

FLASH MÉTÉO *du monde*

En juillet…

À Caracas (Venezuela)
De 20 à 28 °C, 13 jours de pluie

À Londres (Royaume-Uni)
De 14 à 22 °C, 9 jours de pluie

À Nairobi (Kenya)
De 11 à 21 °C, 4 jours de pluie

> « D'un paysage boisé, il émane une sérénité et une majesté établie qui pénètrent dans l'âme l'enchantement, l'élèvent et l'emplissent de nobles inclinations. »

WASHINGTON IRVING, écrivain américain

DE CHICAGO À SAN FRANCISCO

51 heures de trajet pour une traversée des États-Unis unique en son genre, sur près de 4 000 kilomètres : c'est ce que propose la deuxième ligne ferroviaire la plus longue des États-Unis, à travers sept États et 33 villes, mythiques pour la plupart. En route : au programme, au départ de Chicago, traversée des vastes prairies de l'Illinois, puis franchissement du Mississippi à Burlington, puis du Missouri pour parcourir les grandes plaines du Nebraska. Arrivé dans le Colorado, non loin de ses canyons, le California Zephyr s'arrête à Denver, à plus de 1 600 mètres d'altitude. Changement de cadre avec les splendides sommets du Front Range, la chaîne de montagnes des Rocheuses et toujours quelques élans en bord de voie ! Ponts et tunnels s'enchaînent ensuite, dont le Moffat Tunnel long de dix kilomètres, puis le train file vers l'Utah, vers Salt Lake City et ses abords arides, poursuit sa route en direction du Nevada, et atteint enfin la grande vallée de Californie puis la baie de San Francisco.

D'un point de vue pratique, la ligne opérée par la compagnie ferroviaire Amtrak propose un niveau de confort adéquat pour la longue durée du trajet, avec climatisation, sièges pivotants face aux larges baies vitrées panoramiques et couchettes. Des offres relativement accessibles sont régulièrement disponibles, **préférer un voyage en été… et mieux encore, d'est en ouest,** pour admirer les montagnes de jour et assister à des couchers de soleil mémorables pendant le trajet.

Lever de soleil dans le Colorado.

Le Golden Gate à San Francisco, à la couleur inimitable (construit de 1933 à 1937).

À VOUS DE JOUER

La citation mystère

Solution du jeu page 180.

A	B	C	D	E	F	G	H	I	J	K	L	M	N	O	P	Q	R	S	T	U	V	W	X	Y	Z
13	5	14	16	21	4	19	7	2	17	24	6	15	8	25	20	26	11	12	3	23	1	10	9	22	18

V O Y A G E R E S T F A T A L A U X P R É J U G É S ,
1 25 22 13 19 21 11 21 12 3 4 13 3 13 6 13 23 9 20 11 21 17 23 19 21 12

À L ' I N T O L É R A N C E E T À
13 6 2 8 3 25 6 21 11 13 8 14 21 21 3 13

L ' É T R O I T E S S E D ' E S P R I T .
6 21 3 11 25 2 3 21 12 12 21 16 21 12 20 11 2 3 .

Des paysages incroyables !

La France est un véritable concentré des paysages du monde : son histoire géologique y a fait naître des sites insolites, somptueux et inattendus sur un territoire si petit. Au point qu'on les croirait souvent situés bien loin de nous sur le globe, voire aux antipodes de nos latitudes...

Le cirque de Gavarnie dans les Pyrénées.

Où est-ce ?

Saurez-vous retrouver où se situent les sites illustrés ci-dessous, dans ce tour du monde en modèle réduit ?

1
A. En Amazonie
B. En Corse
C. Dans le Cantal

2
A. En Nouvelle-Zélande
B. En Ardèche
C. Dans le Jura

3
A. Au Japon
B. Dans la Marne
C. En Bretagne

Solution : voir p. 324

Citation mystère

Vous disposez de lettres à répartir dans chaque colonne située au-dessus d'elles dans la grille (par exemple la seule lettre manquante dans la 1re colonne, proposée en dessous de cette colonne, est un P à inscrire au-dessus, sur la 3e ligne, et il faut ensuite placer dans la 2e colonne, au bon endroit, un N, un L et un A, etc.), dans un ordre à retrouver par vous-même, pour constituer la phrase mystère, une citation du naturaliste américain et écrivain John Muir, issue de *Voyage en Alaska*.

D		N		■				T		■	P									■	A	V	E	C	■			■
■		A					'	■	O		■							■									■	■
				■	Q	U		■			■	Q			■		'			■	C							.

	N		S										O	Ç		L			B							P		
	L		T		T	E	U		E	N		R	U	E	O	N	T	D	E			H	C	O	U	H	A	
P	A	U	S	U	R	O	E		C	E		R	E	M	E	I	A	O	N	E	A	U	E	R	C	L	E	.

Solution : voir p. 323

Le tombolo de l'île Sainte-Marie, en Martinique.

Sept différences

Retrouvez les 7 différences qui se sont cachées entre ces deux images. Situées dans l'arrière-pays niçois, les gorges du Cians creusées par ses eaux puissantes dans les schistes rouges et lie-de-vin du dôme du Barrot laissent imaginer au promeneur qu'il parcourt le Colorado !

Solution : voir p. 326

Le parc national de Sarek en Suède ne comporte ni sentier balisé ni infrastructure touristique.

Août

Un grand détour par l'Acadie (p. 201) à l'occasion de sa fête nationale ce mois-ci, mais aussi quelques emblèmes de la paresse (p. 203) pour ces semaines souvent consacrées au farniente, ainsi que de multiples idées de balades 100 % nature en France idéales à cette période de l'année, d'Annecy (p. 192) à Colmiane (p. 199). Sans oublier une rencontre avec les Bapende (p. 207), pendant le doux hiver namibien qui y règne ces semaines-ci, ou à Sucre (p. 194), en Bolivie, où le climat est également si propice à la visite...

Éphéméride expresss

N'oublions pas à travers le monde :

- **1er août.** Lughnasadh : fête celtique irlandaise traditionnelle, marquant le début de la saison des récoltes.
- **6 août.** Fêtes de l'indépendance de la Jamaïque et de la Bolivie (p. 194).
- **9 août.** Journée internationale des peuples autochtones.
- **15 août.** Fête de l'Assomption, processions et offices religieux dans de nombreux pays catholiques.
- **15 août.** Independence Day, Inde (p. 202).
- **Mi-août (dates variables).** Obon : festival bouddhiste japonais honorant les esprits des ancêtres.
- **Dernier week-end d'août.** Notting Hill Carnival, Londres.

← Maisons traditionnelles de La Paz, capitale de la Bolivie, qui fête son indépendance le 6 août.

TERROIRS
et BALADES
• en France •

Autour du lac d'Annecy
La nature à l'état pur

Le premier samedi d'août se tient historiquement la fête du lac d'Annecy, un spectacle musical et pyrotechnique grandiose, l'un des plus importants d'Europe. Organisé initialement à l'occasion du rattachement du duché de Savoie à la France en 1860, qui donna naissance aux deux départements de Haute-Savoie et de Savoie, l'impératrice Eugénie et l'empereur Napoléon III inaugurèrent alors ce rendez-vous annuel et la toute première fête du lac. Après des décennies de tradition perpétuée et quelques très récentes années d'annulation, les festivités sont de retour : un excellent prétexte pour redécouvrir la ville, son lac et les richesses naturelles de la région.

En effet, que de randonnées et de balades pour découvrir le lac d'Annecy, facilitées par un dense maillage de sentiers pédestres de grande qualité, alliant des itinéraires mythiques et des découvertes sécurisées, même hors des sentiers battus. Les parcours sont nombreux : via le mont Baron, par exemple, jusqu'à la plateforme de l'ancien téléphérique du mont Veyrier pour contempler par temps ensoleillé les eaux scintillantes du lac, serties dans cet écrin de montagnes et de forêts. Ou d'autres panoramas extraordinaires à découvrir grâce aux parcours sportifs alentour : Parmelan, Semnoz ou encore le plateau des Glières ; ou en famille, en suivant ceux du sentier des Roselières ou de la réserve naturelle du Bout du lac, à la découverte de la flore et de la faune lacustres. Et sans oublier le vieil Annecy, et ses trésors architecturaux. De belles balades en perspective !

Le goût de GÉO

Aubergines à la parmigiana

Le mois d'août est le pic de la saison des aubergines en France, comme en Italie. Elles offrent pendant ces semaines estivales une chair tendre et une saveur des plus riches.

INGRÉDIENTS POUR 4 PERSONNES :

4 aubergines • 3 boules de mozzarella • Un peu de parmesan • Sauce tomate • 1 pincée de sel

1. Tranchez les boules de mozzarella.
2. Coupez les aubergines en tranches, posez-les sur la grille du four, salez légèrement et enfournez 10 minutes à 180 °C.
3. Déposez au fond d'un plat une couche d'aubergines, recouvrez de sauce tomate, puis de mozzarella, puis recommencez dans cet ordre, jusqu'à remplacer la mozzarella par le parmesan.
4. Enfournez 10 minutes à 180 °C… votre plat est prêt à être dégusté. Salez à votre goût.

LE + GEO : vous pouvez intégrer quelques tomates séchées coupées en lamelles à votre sauce tomate : succulent !

> « J'ai senti mes poumons gonfler sous l'effet du paysage : air, montagnes, arbres, gens. J'ai pensé : c'est ce que c'est d'être heureux. »

SYLVIA PLATH, écrivaine

MERVEILLES du PATRIMOINE

SUCRE
SUR LES HAUTS PLATEAUX

Depuis 1991, la capitale constitutionnelle de la Bolivie, Sucre, est classée au patrimoine mondial de l'humanité. En effet, « la ville historique de Sucre, située au pied des collines de Sica Sica et Churuquella dans le sud-centre de la Bolivie, est une excellente illustration, intacte et bien conservée, du métissage architectural réalisé en Amérique latine par l'assimilation des traditions locales et des styles importés d'Europe. Elle est conçue selon un urbanisme simple avec une voirie en damier, semblable aux autres villes fondées par les Espagnols en Amérique au XVIe siècle », souligne l'Unesco. Fondée par les Espagnols en 1538 comme Ciudad de la Plata de la Nueva Toledo (Ville de l'Argent de la Nouvelle Tolède), elle fut longtemps le centre judiciaire, religieux et culturel de la région. « Les bâtiments de Sucre illustrent avec éloquence le mélange des traditions architecturales locales et des styles importés d'Europe, y compris ceux du début de la Renaissance, Mudéjar, gothique, baroque et néo-classique, entre les XVIe et XIXe siècle » et justifient son classement au patrimoine mondial.

Elle porte son nom actuel en l'honneur du défunt leader de l'indépendance Antonio José de Sucre en 1839, depuis sa proclamation comme capitale constitutionnelle. Située à près de 2 800 mètres d'altitude, elle compte aujourd'hui environ 250 000 habitants… et se distingue de La Paz, la capitale administrative du pays, la plus haute du monde, puisque cette dernière culmine à plus de 3 600 mètres, avec plus de 2,3 millions d'habitants ! **La date de l'indépendance de la Bolivie, le 6 août 1825, est devenue celle de la fête nationale, día de la Independancia.**

À VOUS DE JOUER

Jeu des 7 capitales

De quel pays les villes suivantes sont-elles la capitale ?

❶ Paramaribo
A. Chili
B. Équateur
C. Suriname

❷ Berne
A. Suisse
B. Autriche
C. San Marin

❸ Wellington
A. Afrique du Sud
B. Nouvelle-Zélande
C. Îles Fidji

❹ Gaborone
A. Gambie
B. Botswana
C. Venezuela

❺ Sarajevo
A. Bosnie-Herzégovine
B. Arménie
C. Colombie

❻ Nouakchott
A. Mauritanie
B. Togo
C. Libye

❼ Maputo
A. Ouzbékistan
B. Mozambique
C. Roumanie

RÉPONSES
❶C. ❷A. ❸B.
❹B. ❺A. ❻A.
❼B.

À VOUS DE JOUER

Quiz visuel

Où a été prise cette photo ?

A. En Bretagne
B. En Polynésie française
C. En Martinique
D. À Madagascar

RÉPONSE

A. Îles et îlots bordés de plages de sable blanc, eaux cristallines aux dégradés turquoise, à moins de 20 kilomètres des côtes sud du Finistère, l'archipel des Glénan a parfois des saveurs polynésiennes !

FLASH MÉTÉO du monde

En août…

À Lima (Pérou)
18 à 24 °C
1 jour de pluie

Au Cap (Afrique du Sud)
8 à 19 °C
10 jours de pluie

À Katmandou (Népal)
20 à 28 °C
20 jours de pluie

1001 ESPÈCES

LE CORMORAN PIE
(Microcarbo melanoleucos)

La fête des cormorans se tient souvent début août, en Bretagne notamment… mais aussi à l'autre bout du monde, tant les espèces sont variées sur le globe. Ainsi, le petit cormoran pie, au plumage généralement noir sur le dessus et blanc sur le dessous, avec son petit bec jaune et sa légère crête est très reconnaissable. Sa queue dispose de quelques longues plumes noires. Il vit sur les côtes, îles, estuaires et eaux intérieures de l'Australie mais aussi en Nouvelle-Guinée, Nouvelle-Zélande et Nouvelle-Calédonie. La Malaisie et l'Indonésie, tout comme les îles du sud-ouest de l'océan Pacifique et les zones subantarctiques l'accueillent également au gré de ses déplacements. C'est un excellent chasseur-pêcheur de la région.

• MOTS D'AILLEURS •

Zozobra
(mexicain)

Zozobrar signifie initialement faire naufrage, chavirer. Et pour désigner cette forme d'anxiété précédant un événement significatif, par anticipation, avec une perte de ses repères et le sentiment d'une catastrophe imminente, le ressenti d'une très forte angoisse, les Mexicains emploient le terme de *zozobra*. Par extension, la *Zozobra* désigne aussi **la grande statue brûlée chaque année, fin août,** par la foule exaltée, durant les fêtes de Santa Fe au Nouveau-Mexique.

« Si tu veux aller vite, marche seul mais si tu veux aller loin, marchons ensemble. »

PROVERBE AFRICAIN

TERROIRS et BALADES • en France •

La cime de Colmiane
Un panorama à couper le souffle

Non loin du village de Saint-Dalmas-le-Selvage, la station de sports d'hiver de La Colmiane propose de grandes balades et marches vers des panoramas grandioses : sur les vallées de la Vésubie, de la Tinée, ou les sommets du Mercantour. Après la traversée de zones de pâturages de vaches et de chevaux, les plus assidus et téméraires pourront grimper jusqu'à la cime de Colmiane. De là, au départ de Valdeblore, le col de la Madeleine ou la longue traversée du Pépoiri : les idées d'itinéraires sont nombreuses, avec un guide de haute montagne ou un accompagnateur aguerri, pour profiter pleinement des lieux. En fonction de la saison, cueillette de fraises des bois, de myrtilles, voire plus tardivement de champignons feront le plaisir des randonneurs. Et vers le Bois noir, entouré d'épicéas et de mélèzes, les spécialistes pourront même rapporter de leur escapade des feuilles d'oseille ou d'épinard en tout début d'été. **Enfin, découvrez tout particulièrement en août la luge d'été** sur ces cimes du Mercantour, à 1 800 mètres d'altitude : une expérience inoubliable.

À noter que des joëlettes sont à disposition des personnes à mobilité réduite à l'office de tourisme de la station pour permettre à chacun de savourer pleinement cette découverte : leur roue unique permettra de se faufiler même sur les sentiers les plus étroits du parcours.

TRADITIONS DU MONDE

Le petit monde de l'île aux Puces

Dans la province canadienne du Nouveau-Brunswick, la ville de Bouctouche – un mot dérivé du micmac *Chebooktoosk*, qui signifie « grand petit havre » – est posée face à l'océan, entourée de paysages splendides, au cœur d'un long littoral bordé de plages et de dunes. C'est face à elle que se situe l'incroyable île aux Puces. Y est proposée une initiative originale, la reproduction fantastique d'un village de pêcheurs au temps de la prohibition, « le Pays de la Sagouine ».

Ce village théâtral, reconstitué d'après le roman d'Antonine Maillet, *La Sagouine*, permet au visiteur de plonger dans la culture acadienne, notamment avec les maisons reconstituées sur-mesure pour représenter l'époque des années 1920-1940. Médiation d'acteurs, costumes, spectacles, mise en scène des anciens métiers de la mer : une expérience unique et festive pour revivre l'âme locale des siècles passés, les cultures et traditions acadiennes, tout particulièrement à l'occasion de **la fête nationale de l'Acadie, le 15 août,** avec un programme riche et des artistes, musiciens et poètes de qualité.

MERVEILLES du PATRIMOINE

LE FORT ROUGE
LA PERLE DU RAJASTHAN

Impossible de traverser la capitale indienne, New Delhi, sans s'arrêter devant cet édifice impressionnant, construit au XVIIe siècle et classé au patrimoine mondial de l'Unesco depuis 2007. Apogée de la créativité moghole, ses dimensions et sa richesse sont exceptionnelles à plus d'un titre : une enceinte de 2,5 km de long, en grès rouge, jusqu'à 33 mètres de hauteur du côté de la ville, à l'intérieur de laquelle palais, édifices en marbre, mosquées et luxuriants jardins s'étendent sur 38 hectares… Nehru y a tenu son discours de proclamation en 1947, en en faisant un symbole de **l'indépendance de l'Inde**, au sein duquel les Premiers ministres se succèdent depuis, **chaque 15 août.**

1001 ESPÈCES

LE PARESSEUX

Depuis 1985, chaque 21 août est célébrée la journée mondiale de la Paresse... en cette période estivale propice à la sieste et au farniente pour beaucoup, l'occasion de redécouvrir le paresseux, tel qu'on le connaissait au XVIIIe siècle : « Paresseux, tardigradus, animal quadrupede, long d'environ deux piés ; il a la queue très courte, les jambes de devant plus longues que celles de derriere, & seulement trois doigts à chaque pié, avec des ongles forts & un peu recourbés. Le poil est fort épais, varié de brun & de blanc, & entierement blanc sur la face de cet animal. [...] Le paresseux se trouve au Bresil, dans la Guyane, & aux Indes orientales. Il y a dans l'île de Ceylan un autre animal auquel on a aussi donné le nom de paresseux : il n'a que deux doigts aux piés de devant, & trois à ceux de derriere ; ses oreilles sont plates & appliquées contre la tête ; le poil est épais & de couleur incarnate foncée par-dessus le dos, & d'un cendré clair par-dessous le ventre : cet animal n'a point de queue.

Pison rapporte que le paresseux marche si lentement, qu'en quinze jours entiers à-peine pourroit-il aller aussi loin que l'on pourroit jetter une pierre. Il met environ deux jours à monter sur un arbre, ou à descendre ; on ne peut hâter sa démarche ni par des menaces, ni par des coups de fouet ou de bâton. Le museau de cet animal est toujours sale & couvert de salive ; il se traîne sur son ventre sans jamais s'élever sur ses jambes ; il saisit fortement avec ses ongles, & il dort suspendu aux arbres ; on le trouve ordinairement sur leur sommet ; il vit de feuilles sans boire. »

Encyclopédie de Diderot et d'Alembert, Vol. XI, 1765, illustrations Pl. IV. Fig. 3. & Pl. V. fig. 2.

À VOUS DE JOUER

Mini-jeu

Retrouvez les noms de ces espèces menacées, en remettant dans l'ordre les lettres qui ont été classées par ordre alphabétique.

❶ ACILOR ______

❷ ACHIMOS ______

❸ AIMNRSOU ______

❹ BEINOQUUT ______

RÉPONSES
❶ CORAIL
❷ CHAMOIS
❸ MARSOUIN
❹ BOUQUETIN

MERVEILLES du PATRIMOINE

SIGIRIYA
LE ROCHER DU LION

Également nommé Rocher du Lion, ce site historique et touristique est sans doute le plus connu du Sri Lanka, classé depuis 1982 au patrimoine mondial de l'Unesco. Cette ancienne capitale royale a été construite sur un immense rocher de pierre rouge culminant à plusieurs centaines de mètres, aux parois abruptes qui jouaient le rôle d'imprenables murailles et surplombent la jungle qui l'entoure.

La citadelle, qui fut le siège du roi Kassapa, bénéficie de la présence à dix kilomètres d'un tank, réservoir d'eau creusé depuis le Ve siècle, et constitué d'escaliers et de galeries croisées. Les *Demoiselles de Sigiriya,* fresque peinte sur l'une d'entre elles, est spectaculaire et représente les seules images féminines de la Ceylan médiévale. L'ensemble débouche dans la gueule d'un lion colossal construit en brique et en plâtre, qui permet d'accéder au site. La vue panoramique extraordinaire mêle le spectacle grandiose de la nature aux vestiges de peintures rupestres admirablement conservées et d'une civilisation raffinée… aujourd'hui sous l'œil touristique d'artistes locaux et charmeurs de serpents, qui ont pris leurs quartiers dans les clairières alentour. **En août, la saison sèche dans cette région, avec des températures agréables autour des 30 °C,** est idéale pour visiter ces sites historiques.

Les chutes de Rua Cana au nord de la Namibie sont parmi les plus grandes chutes d'eau d'Afrique.

HOMMES & FEMMES *du* MONDE

DÉCOUVRIR LES BAPENDE

En République démocratique du Congo (ex-Zaïre) ainsi qu'en Angola vivent les Bapende – pluriel de Pende – peuple bantou signifiant « les révoltés », sans doute en hommage rendu par les tribus environnantes à leur audace d'avoir affronté la puissance de feu de « l'homme blanc » portugais, puis belge, de l'époque coloniale.

Dans la région de Kikwit, les hommes se sont longtemps perforé les joues avec des flèches de bois, parures exhibées lors de danses rituelles ou à l'occasion de l'initiation des plus jeunes, rites d'apprentissage destinés à prouver sa force et sa résistance à la douleur, qui ont fait l'objet de reportages photographiques relayés par les médias dans les années 1990. Mais ce sont aujourd'hui les splendides masques *minganji* et *mbuya* et leur riche statuaire qui contribuent à la réputation de ce peuple, resté longtemps peu étudié par les ethnologues. **La meilleure période pour visiter la Namibie est de mai à septembre, l'hiver où le climat est sec et doux.**

À VOUS DE JOUER

Vrai ou faux ?

❶ L'Elbrouz est le plus haut sommet d'Europe.
☐ VRAI ☐ FAUX

❷ Le canal de Panama relie l'océan Atlantique à l'océan Pacifique.
☐ VRAI ☐ FAUX

❸ Le Kilimandjaro est le plus haut sommet d'Afrique.
☐ VRAI ☐ FAUX

❹ La cordillère des Andes est si longue qu'elle traverse six pays différents.
☐ VRAI ☐ FAUX

RÉPONSES

❶ VRAI. Il culmine à 5 643 mètres au nord du Caucase, en Russie.

❷ VRAI. Sa construction a démarré en 1904.

❸ VRAI. À 5 895 mètres d'altitude, c'est en outre la montagne isolée la plus haute au monde.

❹ FAUX. Elle en traverse sept : le Venezuela, la Colombie, l'Équateur, le Pérou, la Bolivie, le Chili et l'Argentine.

AOÛT

Les capitales du monde

En août, les capitales du monde de l'hémisphère Nord vibrent au tempo de la saison estivale. À Tokyo comme à Berlin, la chaleur rythme des festivals animés et de multiples événements culturels. Tandis qu'à Buenos Aires, l'hiver austral n'empêche pas les habitants de se retrouver en terrasse... embarquez dans ces pages pour un tour du monde ludique de ces villes majeures à travers les continents !

La mosquée Cheikh Zayed, Abou Dabi.

Mots mêlés

Étape 1

Combien de capitales commençant par la lettre A sauriez-vous citer spontanément ?

Étape 2

Dans la grille ci-dessous sont cachées 17 capitales commençant par « A » ? Elles sont à l'horizontale de droite à gauche ou de gauche à droite, à la verticale de haut en bas ou de bas en haut, en diagonale, et une même lettre peut servir à plusieurs mots. Combien en retrouvez-vous ? Vous trouverez à l'étape 3 une liste à titre d'indice !

T	A	S	M	A	R	A	A	A	O	A	L
U	A	G	A	R	Y	N	U	B	V	B	E
A	F	B	E	M	K	F	B	E	I	O	D
A	S	G	A	A	M	O	F	B	R	U	A
V	L	T	R	G	Q	A	A	A	A	D	N
A	C	A	A	A	H	S	N	S	N	A	D
R	H	I	O	N	U	C	J	I	A	B	O
U	P	L	Y	N	A	A	A	D	N	I	R
A	R	C	C	A	B	P	B	D	A	L	R
X	F	I	U	U	J	R	F	A	T	G	E
F	O	J	J	W	A	T	H	E	N	E	S
N	L	A	A	L	O	F	I	U	A	L	Y

Solution : voir p. 322

Reliez-les

Étape 3

Sauriez-vous attribuer ces 17 capitales à leur pays ?

A. ABOU DABI
B. ABUJA*
C. ACCRA
D. ACHGABAT
E. ADDIS-ABEBA
F. ALGER
G. ALOFI
H. AMMAN
I. ANDORRE(-LA-VIEILLE)
J. ANKARA
K. ANTANANARIVO
L. APIA
M. ASMARA
N. ASTANA**
O. ASUNCION
P. ATHÈNES
Q. AVARUA.

1. MADAGASCAR
2. NIUE
3. SAMOA
4. GRÈCE
5. ALGÉRIE
6. ÉTHIOPIE
7. ÉMIRATS ARABES UNIS
8. TURQUIE
9. ANDORRE
10. JORDANIE
11. GHANA
12. NIGERIA
13. PARAGUAY
14. ÎLES COOK
15. ÉRYTHRÉE
16. TURKMÉNISTAN
17. KAZAKHSTAN.

** Abuja, capitale depuis 1991, en remplacement de Lagos.*
*** Astana : nommée Akmola jusqu'en 1998, puis Nour-Soultan de 2019 à 2022. Almaty était la capitale de 1991 à 1997.*

Solution : voir p. 325

Antananarive.

Athènes et l'Acropole.

Le lac d'Annecy est le deuxième lac d'origine glaciaire de France.

Septembre

En ce mois, les journées du patrimoine sont l'occasion de découvrir des trésors non loin de chez soi (p. 216, 222, 223), ou de tenter une escapade parmi toutes celles proposées ce mois-ci. Pour les voyageurs au long cours, cap au nord du Japon (p. 221) pour découvrir un parc naturel exceptionnel, ou à Bornéo pour rencontrer les Bajau (p. 224)... et entre deux destinations, savez-vous ce qu'est le *sisu* (p. 228)?

Éphéméride express

N'oublions pas à travers le monde :

- **Départ de France des oiseaux migrateurs insectivores et granivores : pinsons, étourneaux, linottes...**
- **Fin août-septembre :** pic des vendanges en France (p. 226).
- **1er dimanche de septembre.** Regata Storica, Venise, somptueux cortège historique et compétitions de rameurs sur le Grand Canal.
- **7 septembre.** Journée de l'indépendance du Brésil.
- **3e dimanche de septembre.** Journées européennes du patrimoine (p 223).
- **27 septembre.** Journée mondiale du tourisme.
- **15 jours en septembre-octobre.** Dashain, fête la plus importante du calendrier hindou au Népal.

← Piscines et terrasses à Pamukkale, Turquie (p. 230).

TERROIRS et BALADES • en France •

Le sacré grand Donon

À la jonction de l'Alsace et de la Lorraine, point culminant des basses Vosges, le massif du Donon est considéré comme sacré depuis des millénaires. Riche de légendes et d'histoires locales entremêlées, le site fut fréquenté depuis la préhistoire, puis par les Celtes ou les Gallo-Romains. Il fait aujourd'hui l'objet d'un passionnant sentier de découvertes archéologiques, au fil de dessins commentés. **Tentez en septembre l'ascension du Donon,** jusqu'à son sommet à 1 000 mètres d'altitude : elle permet d'accéder à un point de vue remarquable, dans un cadre idéal pour savourer un bain de silence et de nature.

1001 ESPÈCES

Le papillon... citron de Provence

(Gonepteryx cleopatra)

Reconnaissable entre mille à sa couleur jaune citron et à ses ailes en forme de feuilles d'arbre, ponctuées d'un discret point rouge en guise de grain de beauté... ce petit papillon baladeur est présent jusqu'à 1 800 mètres d'altitude, dans les taillis et les bois peu denses dans une trentaine de départements du Midi de la France. Il émerge au printemps en basse altitude puis il migre en altitude dans la montagne où il peut rester jusqu'en septembre pour redescendre en plaine à l'automne.

FLASH MÉTÉO du monde

En septembre...

À San Francisco (États-Unis) De 14 à 23 °C 1 jour de pluie	**À Tunis** (Tunisie) De 20 à 30 °C 3 jours de pluie	**À Berlin** (Allemagne) 12 à 20 °C 9 jours de pluie

ZOOM SUR... ZOOM SUR... ZOOM SUR...

Deux gares à découvrir

❶ *Anvers-Central en Belgique*

La « cathédrale du rail », somptueuse, mêle verre, marbre, métal et pierre, sous une fastueuse coupole inspirée du Panthéon, qui culmine à 75 mètres. Ses façades, comme sa salle des pas perdus, en font un incontournable chef-d'œuvre architectural du début du XXe siècle... et l'une des plus belles gares au monde.

❷ *Badaling Great Wall en Chine*

La gare sans doute la plus profonde et la plus large au monde... 36 000 m², à 102 mètres sous la Grande muraille de Chine, sur trois étages ! Une récente prouesse de technologie, munie de kilomètres de tunnels et d'escalators, achevée pour les Jeux d'hiver de Pékin en 2022... dans des conditions de réalisation exceptionnelles vu la proximité du site inscrit au patrimoine de l'humanité.

❶

❷

> « Seul celui qui erre trouve de nouveaux chemins. »

PROVERBE NORVÉGIEN

GRANDS voyageurs

Alexandra David-Néel (1868-1969)
Une aventurière hors norme

Une aventurière hors du commun ! Orientaliste, chanteuse d'opéra, féministe... Une femme unique, aux 1 001 facettes et tout autant de cordes à son arc. Convertie au bouddhisme à 21 ans, initialement cantatrice après avoir étudié le piano et le chant au conservatoire royal de Bruxelles, ce n'est qu'à 43 ans qu'Alexandra David-Néel part pour un long voyage de 14 ans, qui fera sa renommée. Un exploit, inconcevable à l'époque : elle est la première Européenne à avoir pénétré dans Lhassa, capitale du Tibet interdite aux étrangers. Et déguisée en mendiante, vivant dans une pauvreté extrême, après avoir marché plus de 2 000 kilomètres en 1923-1924 avec son fils adoptif Aphur Yongden – reconnu par le gouvernement chinois comme un bouddha vivant –, elle parvient à se fondre parmi les Tibétains et entrer dans la ville. Ce dont elle témoignera largement à son retour en Europe, fournissant un éclairage unique sur le Tibet et, plus largement, les peuples d'Asie.

Véritable symbole de l'émancipation des femmes alliée à la découverte du monde, d'une grande érudition, Alexandra David-Néel publiera notamment à son retour une anthologie de la littérature tibétaine. Elle s'éteindra le 8 septembre 1969 à Digne-les-Bains, à plus de 100 ans, tandis qu'elle venait de faire renouveler son passeport pour retourner au Tibet en vue d'un futur voyage...

Le goût de GÉO

CAPPUCCINO GOURMAND CAROTTE-CITRON

La carotte de saison, disponible de juillet à octobre, bat son plein en septembre : une recette originale pour la déguster différemment.

INGRÉDIENTS POUR 2 PERSONNES :

4 carottes • 2 cuil. à soupe de miel • 1 citron

1. Faites chauffer dans une casserole 50 cl d'eau avec le miel, le jus de citron et son zeste.
2. Coupez les carottes en rondelles, ajoutez-les dans la casserole et laissez cuire environ 30 minutes à feu doux.
3. Égouttez l'ensemble, mixez en conservant le jus de cuisson, en quantité variable selon l'épaisseur que vous souhaitez donner à votre cappuccino : du plus fluide au plus velouté.
4. Réservez au réfrigérateur. Et dégustez, bien frais !

LE + GEO : surmonté d'une touche de crème chantilly, ce cappuccino n'en sera que plus gourmand !

BON VOYAGE

LE PARC AUX CINQ MONTAGNES
JAPON

Véritable trésor au cœur de l'île d'Hokkaïdo, au nord du Japon, le parc national de Daisetsuzan, qui s'étend sur plus de 220 000 hectares, est aussi le plus grand du pays. Son nom, « grandes montagnes enneigées », fait allusion aux cinq montagnes de plus de 2 000 mètres qui y culminent. Si chaque saison présente un intérêt pour le visiter, **septembre permet d'y savourer la saison du kôyô, coutume traditionnelle liée au changement de couleur des feuilles en automne,** surtout celles de l'érable japonais ou du ginkgo. Les feuillages teintés de jaune, rouge et orange illuminent « la grande traversée », cet itinéraire de 80 kilomètres à travers les paysages du parc, modelés par la chaîne volcanique qui a donné naissance à ces lieux et explique la présence de sources chaudes.

Du mont Asahi jusqu'au Tokachi-dake, les sentiers pédestres, accessibles, nécessitent une bonne endurance… et quelques précautions à l'approche de l'hiver : les animaux sauvages n'y sont pas rares, des cerfs sika aux ours bruns de plus de 100 kilogrammes, les tout derniers de l'archipel, à la recherche de nourriture, qu'une cloche sur votre sac vous permettra de tenir à distance.

TERROIRS *et* BALADES • *en France* •

C'est le temps des vendanges
Rendez-vous dans le Bordelais

Curieux ou passionnés du vin et de sa culture, amateurs d'histoire et de nature, saviez-vous que les vignes s'invitent jusque dans le centre-ville de la capitale bordelaise ? Certaines plantées depuis 200 ans (à côté de la porte d'Aquitaine), d'autres depuis 20 ans à peine (dans le jardin de la Béchade) : au total, ce sont des milliers de pieds de merlot noir et de cabernet-sauvignon – deux vignes qui justifient l'appellation vin de Bordeaux – qui sont à découvrir, dans un parcours qui vous mènera rue du Faubourg-des-Arts ou dans le Parc floral de Bordeaux.

Et pour les plus observateurs moins enclins à enchaîner vignobles et visites de caves, repérez les grappes de raisin sculptées sur les façades des immeubles aux figures de Bacchus, dieu du vin et de la vigne et quantités d'autres détails gravés sur les portes, par exemple, qui témoignent de ce lien inextricable avec la culture viticole, depuis des siècles. La Cité du vin, inaugurée en 2016, pourra compléter cet itinéraire par une visite ludique et instructive… Et si vous disposez de quelques jours de plus, Saint-Émilion ou le bassin d'Arcachon seront sources de 1 001 balades riches de nature, de gastronomie et de culture pour savourer plus encore votre séjour.

Le vignoble de Saint-Émilion.

MERVEILLES du PATRIMOINE

LE TROGLODYTE DE DOUÉ-EN-ANJOU

À l'occasion des journées européennes du patrimoine ce mois-ci, un site à découvrir au sein du parc naturel régional Loire-Anjou. Le site troglodytique des Perrières dans le Maine-et-Loire est fascinant à plus d'un titre : de véritables caves cathédrales souterraines en ogive, aux dimensions impressionnantes – plus de 20 mètres de hauteur ! –, et un témoignage des secrets de la formation géologique. Le site était sous l'eau il y a dix millions d'années, et la riche population marine fréquentait alors la mer des Faluns, qui recouvrait les lieux. Un parcours de visite aménagé retrace cette passionnante histoire, et des animations sont proposées toute l'année pour les visiteurs. Le témoin dynamique et vivant de millénaires de patrimoine à la fois minéral, animal, végétal et humain !

À VOUS DE JOUER

Vrai ou faux ?

❶ La plus grosse cloche toujours en service en France officie dans la basilique du Sacré-Cœur de Montmartre.
☐ VRAI ☐ FAUX

❷ Seules deux des sept merveilles du monde antique sont encore visibles en bon état aujourd'hui.
☐ VRAI ☐ FAUX

❸ Le célèbre château de Schönbrunn est situé en Bavière.
☐ VRAI ☐ FAUX

❹ Gaborone est la capitale du Botswana.
☐ VRAI ☐ FAUX

RÉPONSES

❶ VRAI. Nommée la « Savoyarde », elle pèse 18,8 t pour 3,06 m de diamètre et fut offerte par quatre diocèses de Savoie à la fin du XIXe siècle. ❷ FAUX. Une seule a traversé les siècles, la grande pyramide de Khéops à Gizeh. ❸ FAUX. Il se trouve à l'ouest du centre-ville de Vienne, en Autriche. ❹ VRAI.

> « Les arbres symbolisent les efforts sans fin de la terre pour parler au ciel qui l'écoute. »

RABINDRANATH TAGORE,
compositeur indien

DÉCOUVRIR LES BAJAU CHASSEURS APNÉISTES

Sur la côte de l'État de Sabah, au nord de l'île de Bornéo, vivent les Bajau. Considérés depuis plus d'un millier d'années comme les nomades des mers de l'Asie du Sud-Est, déjà mentionnés par un chroniqueur des voyages de Magellan comme un peuple de plongeurs au mode de vie atypique, ces chasseurs-cueilleurs marins y évoluent dans leurs petites embarcations de bois, dans les eaux qui serpentent entre les Philippines, la Malaisie et l'Indonésie. Ils vivent dans des huttes construites sur pilotis ou à même leurs embarcations. **En septembre, ils profitent de la fin de la saison des moussons pour reprendre leurs activités de pêche** avec des conditions maritimes plus calmes. Leur longue pratique de la piraterie leur a parfois conféré une réputation sulfureuse, mais leur quotidien est aujourd'hui surtout lié à la nourriture qu'ils se procurent par leurs plongées en grande profondeur. Car leur véritable atout réside dans des capacités de plongée hors norme, qui intéressent particulièrement les chercheurs et scientifiques de la communauté internationale. Les Bajau sont en effet en mesure de descendre à plus de 70 mètres avec des poids et leurs lunettes en bois pour seul et unique équipement ! Près des deux tiers de leur journée est consacré à la plongée, autour de cinq-six mètres de profondeur, pour harponner poissons, pieuvres ou autres récoltes de crustacés locaux.

L'analyse de leurs données génétiques et des comparaisons poussées avec les ethnies voisines ont mis en évidence de réelles spécificités. L'intérêt médical et scientifique de ces découvertes, pour la plongée en apnée comme pour la recherche respiratoire, est aujourd'hui incontestable... Et les Bajau ont encore bien des secrets à nous révéler.

TERROIRS et BALADES • en France •

Quatre hectares nichés en Gironde

Castelmoron-d'Albret, dans l'Entre-deux-Mers, détient un record bien particulier : celui de la plus petite commune de France. Pour se donner un ordre de grandeur, la place de l'Étoile à Paris où trône l'Arc de Triomphe la contiendrait largement tout entière ! **Les vendanges y battent leur plein en septembre,** pour les quatre appellations qu'elle est autorisée à produire (dont le bordeaux supérieur et l'entre-deux-mers).

Un village pittoresque, enserré dans des remparts, qui dispose d'un patrimoine bâti ancien témoin de son histoire et dont les maisons du XVIe au XVIIIe siècles, regroupées autour de placettes minuscules, ont été largement préservées. Sa situation géographique, sur un promontoire rocheux aux pentes abruptes, lui confère en outre un charme tout particulier. Et à l'inverse, connaissez-vous la ville française la plus étendue sur le territoire ? Retrouvez Maripasoula dans l'index pour la découvrir...

1001 ESPÈCES

Le crabe yéti

Ce crustacé vit dans les profondeurs abyssales de l'océan Pacifique sud, à plus de 2 000 mètres de fond. Appelée crabe par confusion, cette galathée (*Kiwa hirsuta*) a été découverte tout récemment, au XXIe siècle, par un chercheur français de l'Ifremer et baptisée ainsi en raison des longs poils clairs, telles des soies qui recouvrent son corps ! Cette découverte surprenante a même donné lieu à la création d'une nouvelle famille de crustacés : la famille des kiwaidae. Selon l'Inventaire national du patrimoine naturel et l'Observatoire national de la biodiversité, plus de deux millions d'espèces ont été découvertes alors que 8 à 12 millions seraient encore à découvrir... De quoi occuper bon nombre de générations !

MERVEILLES du PATRIMOINE

LE MACHU PICCHU
UN TRÉSOR QUI SE MÉRITE

Perché à 2 430 mètres d'altitude dans la Cordillère des Andes, le célébrissime Machu Picchu est un site particulièrement isolé. Cette cité inca construite au milieu du XVe siècle, prospère pendant des décennies puis abandonnée pour des raisons encore inconnues, est restée ignorée du monde extérieur pendant des siècles. Mystérieuse, fascinante, elle attirait 1,5 million de visiteurs annuels avant la pandémie de Covid-19, et constitue toujours l'un des sites touristiques les plus visités d'Amérique latine, **victime d'une véritable surfréquentation notamment pendant la saison sèche, qui s'étend de mai à début septembre.**

Pour modérer ce tourisme de masse, les autorités péruviennes ont ainsi mis en place un quota journalier mais aussi des circuits prédéfinis, un guide (personnel ou de groupe) obligatoire et un temps de visite désormais limité à quatre heures. Une cité mythique qui se mérite (un long trajet, de plusieurs heures à plusieurs jours selon les moyens empruntés, est à prévoir pour s'y rendre) et nécessite de bien anticiper son séjour, tant pour les contraintes logistiques que la situation politique locale, à bien vérifier avant tout voyage dans la région.

BON VOYAGE

ENTRE CHIEN ET LOUP À MOREMI

Connaissez-vous le lycaon ? L'un des grands carnivores les plus menacés d'Afrique (il figure sur la liste rouge avec moins de 2 000 individus recensés) est visible dans la réserve naturelle de Moremi, dans le vaste delta de l'Okavango. Ce chien sauvage, très sociable, se laisse approcher de près... Mais, il est toutefois un prédateur redouté des impalas et des antilopes naines de la région, notamment grâce à ses qualités d'excellent coureur de fond. **Septembre demeure un mois idéal** pour assister à la sortie des tout-petits de leurs tanières et visiter plus largement cet immense delta fertile de l'Afrique australe.

• MOTS D'AILLEURS •

Sisu, que la force soit avec toi !

(finnois)

S'il est un terme intraduisible en un seul mot français équivalent, c'est bien celui-ci, qui renferme tant de facettes de l'âme et de l'esprit finlandais en quatre lettres à peine ! *Sisu*, étymologiquement, vient d'un vocable finnois qui exprime la notion d'intériorité, raison pour laquelle il est parfois traduit par « cran » ou « force intérieure ». Ce mot, qui existe depuis des siècles, peut aussi bien désigner une détermination inflexible, la résistance à l'épreuve, que « le courage, l'intrépidité, la ferme volonté, la ténacité et l'énergie avec endurance ». Un état d'esprit bien particulier, qui ne fait l'expression d'aucune prétention : on ne se vante pas d'avoir du *sisu*, on est simplement dans cet état d'esprit qui tend à l'action. Ce courage, cette persévérance face à l'adversité ou à des conditions difficiles qu'exprime ce mot, constitue aussi une sorte de philosophie de vie, en toutes circonstances, et fait partie des traits spécifiques d'un état d'esprit typiquement finlandais.

> « Vivez, voyagez, soyez aventureux ! »

JACK KEROUAC, écrivain américain

MERVEILLES *du* PATRIMOINE

LE TEMPLE DE TANAH LOT

Totalement isolé du reste du monde à marée haute, le temple hindouiste de Tanah Lot à Bali, qui signifie « pays de la mer » en balinais, se dresse fièrement sur un rocher creusé de grottes et battu par les vagues du vaste océan. Il constitue l'un des sept temples de la mer de Bali, référence dans la mythologie locale, dont la disposition est conçue de sorte qu'on puisse voir le suivant en quittant le précédent. Il aurait été édifié à l'initiative d'un prêtre du XVIe siècle, Nirartha, qui aurait jugé le lieu idéal pour honorer les dieux de la mer et y faire construire un sanctuaire.

Au pied de ce rocher qui résiste depuis des siècles aux assauts répétés de la mer, selon la légende, des serpents marins, dont celui créé avec l'écharpe de Nirartha, préserveraient le temple depuis toujours des mauvais esprits et des envahisseurs. On raconte qu'avant de quitter le village voisin de Beraban, Nirartha lui donna un *keris*, une petite arme blanche locale, avec le pouvoir d'éliminer toutes les maladies nuisibles aux plantes. **Une cérémonie religieuse se tient aujourd'hui encore au temple Tanah Lot tous les six mois, en mars et septembre, pour en honorer le souvenir.**

Un lieu porté par un fort héritage spirituel, aujourd'hui en revanche également très investi par les zones commerciales et le tourisme.

EN PLEINE NATURE

PAMUKKALE, UNE EXPÉRIENCE UNIQUE

Situé au sud-ouest de la Turquie, ce site, particulièrement étonnant, est inscrit à l'Unesco depuis 1988 avec ses 17 sources chaudes, dont certaines à plus de 45 °C formant une tufière, se compose de spectaculaires concrétions en forme de terrasses, bassins, cascades pétrifiées et escaliers géants. Pamukkale, qui signifie « château de coton » en turc, et sa voisine Hiérapolis, sont reconnues depuis l'Antiquité pour leurs richesses thermales, dans des piscines au sein desquelles la grande Cléopâtre elle-même serait venue se baigner en son temps. **Un spectacle naturel unique, à découvrir idéalement en septembre,** hélas parfois dégradé au siècle dernier par l'affluence touristique, mais dont le caractère exceptionnel demeure aujourd'hui intact.

À VOUS DE JOUER

Jeu des 7 capitales

De quel pays les villes suivantes sont-elles la capitale ?

❶ Tachkent
A. Afghanistan
B. Ouzbékistan
C. Sierra Leone

❷ Port-Vila
A. Vanuatu
B. Lesotho
C. Cuba

❸ Santiago
A. Bolivie
B. Argentine
C. Chili

❹ Lima
A. Uruguay
B. Colombie
C. Pérou

❺ Douchanbe
A. Sénégal
B. Tadjikistan
C. Angola

❻ Sofia
A. Hongrie
B. Moldavie
C. Bulgarie

❼ Ljubljana
A. Slovénie
B. Slovaquie
C. Lituanie

RÉPONSES
❶B. ❷A. ❸C. ❹C.
❺B. ❻C. ❼A.

SEPTEMBRE

Les ports du monde

S'y croisent marins, dockers, pilotes, passagers ou voyageurs en partance… Entre désir du départ et attente du retour, les ports enflamment tous les imaginaires depuis toujours. Jouez au fil de leurs escales…

La philarmonie de l'Elbe à Hambourg en Allemagne.

Citation mystère

Résolvez ligne après ligne les anagrammes en retrouvant de grands ports mythiques à travers le monde, puis reportez dans les cases ci-dessous les lettres une à une, selon les nombres auxquels elles sont associées, pour composer une citation d'Alphonse de Lamartine.

L I A H A X F							
		1					

S I A A V P A O L R										
	26	31	18	9	8			11	20	16

H R G A M B U O								
	2	22	4		10	29	17	

N A A P A M						
	15	23	21		5	

K E Y R W N O							
	30	19			3		

N Z A A R I Z B								
			7		27			24

1	'	2	3	4	5	6

7	'	8

9	10	11	12	T

13	14

15	16	17	T

,

18	19

T	14	4	9	20

21	'	22

15	23	20

13	19

24	25	26	6

;

27	28

C	10	29	1	19

6	T

30	10	29	20

15	31	20	20	10	30	20

!

Solution : voir p. 324

Les sept différences

Retrouvez les 7 différences qui se sont cachées entre ces deux images de Valparaíso, ville coloniale portuaire du Chili, dont le nom fait écho à tout voyageur… Surnommée « la Vallée du Paradis », à moins de deux heures de route au nord-ouest de Santiago, elle était une étape maritime obligatoire pour la côte ouest des Amériques avant la construction du canal du Panama.

Solution : voir p. 326

Halifax, l'un des plus grands ports de pêche au monde, est aussi l'une des plus vieilles villes du Canada, fondée en 1749.

Tombeau présumé du pharaon Khéops, cette pyramide est la seule des sept merveilles du monde encore visible aujourd'hui.

Octobre

Avis aux polyglottes : gare aux confusions ! Si en croate, *listopad* désigne octobre, ce même mot correspond à novembre en polonais, en slovène, en tchèque ou en ukrainien. Ce mois-ci, faites une courte virée normande aux Mycologiades (p. 240) avant de mettre le cap dans des conditions climatiques de visite idéales en octobre sur Fès (p. 244), la Crète (p. 249) ou le Lesotho (p. 241) pendant son jour d'Indépendance.

Éphéméride express

N'oublions pas à travers le monde :

- **Fin septembre-début octobre.** Oktoberfest, fête de la bière à Munich.
- **1er octobre.** Fête nationale de la République populaire de Chine.
- **3 octobre.** Jour de l'unité allemande, fête nationale.
- **1er week-end d'octobre.** Festival des aigles et des aigliers kazakhs, province de Bayan-Ölgii, Mongolie.
- **2e quinzaine d'octobre.** Journées nationales de l'architecture (p. 254).
- **24 octobre.** Journée des Nations unies.
- **Du 31 octobre au 2 novembre.** Día de los Muertos, Fête des morts, Mexique.
- **Fin octobre.** Fête de la grue et de la migration au lac du Der (p. 250).

← Le canoë est l'activité idéale pour profiter, en automne, des paysages du parc national du Mont-Tremblant dans la province de Québec.

TERROIRS et BALADES • en France •

La forêt enchanteresse de Bellême
Normandie

Au cœur du parc naturel régional du Perche, près de 2 500 hectares de nature : assurément l'un des plus beaux massifs de l'Orne, avec ses futaies centenaires, parcourut de nombreux sentiers riches de nombreux trésors… comme le chêne de l'École qui culmine à 42 mètres, né sous Louis XIV en 1666, ou la pierre des Druides, au carrefour de la Reine blanche, dont la tradition locale prétend qu'elle serait une table de sacrifice…

Un haut lieu de promenade, en toutes saisons, et tout particulièrement **le premier week-end du mois d'octobre, lorsque se déroulent les Mycologiades.** Au cours de ces journées mycologiques internationales, on peut assister à des expositions, des conférences… et on pratique la cueillette de champignons. Préparez vos paniers !

CULTURE

Le saviez-vous ?

Aller à Pétaouchnok. C'est forcément aller loin, très loin… mais d'où vient ce mot en réalité ?

A. D'une ville imaginaire dans *Les Misérables* de Victor Hugo
B. D'une tribu d'Indiens d'Amérique du Nord
C. C'est un lieu totalement inventé au début du XXe siècle pour avoir une consonance russe… et lointaine
D. Du russe *Peta-Ouchnok*, pour désigner un village isolé de petite taille

RÉPONSES
C. Si Petropavlovsk existe dans l'Extrême-Orient russe, Petaouchnok ne correspond à aucune réalité géographique. Bien des destinations équivalentes désignent des lieux éloignés de tout, de Trifouillis à Perpète-les-Oies, dans la riche géographie imaginaire collective.

BON VOYAGE

MALEALEA
PARADIS DES RANDONNÉES ÉQUESTRES

Le Lesotho, petit royaume perché dans les montagnes d'Afrique australe qui compte parmi les plus pauvres de la planète, est entièrement enclavé dans l'Afrique du Sud. Si l'instabilité politique y a chassé, avant la fin de leur mandat, les chefs de gouvernement des dix dernières années, il constitue une destination idéale pour pratiquer des randonnées équestres loin de la foule et dans un environnement naturel d'exception.

Depuis le XIXe siècle, où le roi local aurait monté un poney de Basuto, cet animal est devenu le véhicule le plus prisé des villageois… et ces dernières années, des touristes. L'idéal est de partir de Malealea, pour découvrir sur deux jours les chutes de Ribaneng, voire Semonkong si vous disposez de cinq à six nuits. Aucune pratique antérieure n'est nécessaire pour réaliser ces treks à dos de poneys, plutôt confortables, encadrés et accessibles à tous. **Un voyage au magnifique « royaume dans le ciel » – qui fête depuis 1966 son indépendance le 4 octobre – à savourer fin septembre,** avant la saison humide qui dure ensuite jusqu'en avril.

ZOOM SUR... ZOOM SUR... ZOOM SUR... ZOOM SUR... ZOOM SUR... ZOOM SUR... ZOOM SUR... ZOOM SUR... ZOOM

Deux châteaux historiques à visiter

❶ Castel Sant'Angelo (Rome, Italie)

Son originale forme ronde avec une statue d'ange en bronze à son sommet qui lui vaut son nom, sa construction en briques, son proche voisinage de la basilique Saint-Pierre de Rome et ses multiples attributions et fonctions au cours des siècles font de ce château un monument unique en son genre. À l'origine mausolée funéraire à la demande de l'empereur romain Hadrien entre 123 et 139, puis forteresse en 403, puis tour à tour résidence papale, prison, et enfin musée, on y visite aujourd'hui le mausolée, les remparts, le chemin de ronde et les appartements pontificaux, avec leurs salles Renaissance d'exception – ne manquez pas celles du niveau 5 lors de votre visite –, décorées par de grands peintres italiens.

❷ Château de Bojnice (Slovaquie)

De l'édifice mentionné dès 1013, il ne reste plus grand vestige de la forteresse en bois de l'époque, tant ce château romantique fut transformé à la Renaissance, puis reconstruit entre 1888 et 1910 par la famille Pálffy. Fasciné par les châteaux de la Loire, János Ferenc y a en effet investi sa fortune pour recréer le style français en pleine Slovaquie dans un délicat mélange de styles roman, gothique et Renaissance, des toits pointus aux remparts crénelés. À visiter : son jardin d'hiver, son hall doré, son salon oriental ou sa chapelle ornée de peintures murales, avec une salle au plafond entièrement décoré à la feuille d'or. À noter, son parc riche d'espèces d'arbres vénérables, comme le « tilleul du roi Matthias », âgé d'environ 700 ans, abrite aussi le zoo le plus visité de Slovaquie.

• MOTS D'AILLEURS •

Trouvez l'intrus

Parmi ces mots qui figurent depuis longtemps dans nos dictionnaires, quel est le seul qui ne nous vient pas du nahuatl, cette langue parlée par les Indiens d'Amérique centrale et du sud de l'Amérique du Nord, notamment les Aztèques ?

CHOCOLAT / HARICOT / AVOCAT / TOMATE / CHALOUPE / COYOTE

RÉPONSES

CHALOUPE. Ce mot pourrait venir du néerlandais, tandis que tous les autres ont été rapportés de leurs expéditions américaines par les explorateurs espagnols, souvent des noms de plantes ou d'animaux locaux, qui font depuis des siècles partie de notre quotidien linguistique.

1

2

BON VOYAGE

FÈS, VILLE IMPÉRIALE MAROCAINE

Enchanteresse Fès, de jour comme de nuit ! Sans doute l'une des cités médiévales les mieux préservées au monde, ville impériale regorgeant de joyaux du Moyen Âge et d'édifices aux styles andalou et arabe – sa médina est inscrite à ce titre au patrimoine mondial de l'Unesco.

La Fès historique ? Une cité prospère, dynamique, riche de son commerce depuis sa fondation en l'an 799, réputée pour son artisanat et considérée comme la capitale spirituelle du Maroc.

Pénétrez ses souks animés ou certaines medersa (anciennes écoles coraniques), incontournables, comme la medersa Attarine, ornée de somptueuses faïences aux motifs géométriques et de moulages, de bois et de marbre sculptés. Les zelliges, mosaïques de carreaux émaillés, y font notamment la fierté des grands maîtres, qui œuvrent dans tout le monde islamique et se transmettent depuis toujours leur savoir-faire. Quant aux vieux fondouks si vastes, ces caravansérails où les marchands faisaient halte, ils sont souvent reconvertis en ateliers d'artisanat. Des tisserands y emploient encore des métiers à navette pour créer une étoffe douce et chatoyante en soie végétale, à partir de fibres d'agave. Pour l'hébergement, d'anciens riads ont été réaménagés en petits hôtels rénovés avec force mosaïques et bois sculptés. **Octobre constitue une période idéale de visite,** sans craindre chaleur ni pluies battantes, pour déambuler dans les venelles de la médina ou découvrir la ville depuis les toits, autant de refuges intimes et paisibles. Et si à Fès nul ne pourrait sembler pressé de plonger dans la modernité… les dizaines de milliers de paraboles et antennes-satellites nous rappellent qu'elle est bien ancrée dans son siècle, fascinante et contemporaine à la fois !

EN PLEINE NATURE

L'ARBRE DE TULE, CYPRÈS DU MEXIQUE

Un arbre remarquable, immense et très ancien, situé à Santa María del Tule, dans l'État d'Oaxaca, au Mexique. Il s'agit d'un *ahuehuete* (*Taxodium mucronatum*), « le vieil homme de l'eau » en langue nahuatl : un cyprès du Mexique. Cet arbre géant est l'un des plus larges au monde, avec une circonférence de plus de 42 mètres et une hauteur de 41 mètres ! On estime son âge entre 1 400... et 3 000 ans. Associé à des légendes et des mythes locaux, sa signification culturelle est millénaire pour les Zapotèques, selon lesquels un prêtre d'Ehecatl, le dieu du vent des Aztèques, l'aurait planté là. **Chaque année, le second lundi d'octobre, la communauté locale le célèbre par un petit festival,** avec feux d'artifice et danses locales.

1001 ESPÈCES

LA TAUPE DORÉE

Si plus de 2 millions d'espèces différentes ont déjà été découvertes dans le monde, l'Inventaire national du patrimoine naturel et l'Observatoire national de la biodiversité estiment qu'il en reste entre 8 à 12 millions encore à découvrir. C'est sans compter ces quelques espèces disparues, que l'on redécouvre des siècles ou des décennies plus tard. La taupe dorée (taupe De Winton), ce petit mammifère insectivore, aveugle, au pelage irisé, mais à l'ouïe hyper développée, connu pour « nager » dans le sable, en est un bon exemple. Son ADN et un chien renifleur ont permis de la retrouver récemment, 87 ans après sa disparition « définitive », en Afrique du Sud, après de longues recherches, tant les traces qu'elle laisse derrière elle sont infimes. Mal connue des zoologues en raison de cette ultra-discrétion, elle possède pourtant des caractéristiques précieuses pour les chercheurs, comme ces reins très sophistiqués qui lui permettent de ne quasiment jamais boire ou cette aptitude à entrer en léthargie en période de grand froid ou de grande chaleur. Elle peut espérer, grâce à sa « redécouverte », être désormais sauvée de l'extinction.

À VOUS DE JOUER

Trouvez l'intrus

1 Lequel de ces animaux ne siffle pas ?

A. La marmotte
B. Le cygne
C. Le macaque
D. Le dindon

2 Parmi ces animaux, lequel n'existe pas ?

A. La crevette-pistolet
B. La tortue-luth
C. Le requin-lutin
D. Le dindon-pistache

RÉPONSES
1 C. 2 D.

> « La promenade est essentiellement une manière de converser avec soi. »

CHANTAL THOMAS, romancière et académicienne

BON VOYAGE

LES GORGES DE SAMARIA
CANYON CRÉTOIS

Ouvertes de mai à octobre, strictement encadrées et préservées de l'aube à la fin de soirée, les gorges de Samaria pâtissent parfois de la foule ou de la canicule en plein été mais se visitent aussi avantageusement hors saison. Seules celles du Verdon semblent les supplanter en longueur en Europe : avec leurs 16 kilomètres, du plateau d'Omalos à Agia Roumeli au bord de mer de la Libye, les gorges de Samaria forment un véritable et somptueux canyon qui entaille le massif des Montagnes blanches, à l'ouest de la Crète.

Ce site, resté habité pendant des milliers d'années, est spectaculaire : des parois jusqu'à 600 mètres de haut, des passages étroits et au fil d'un parcours rocailleux, dans un paysage grandiose, une végétation unique avec de nombreuses plantes médicinales rares, mais aussi pins parasols, cyprès, érables crétois ou chênes... Un petit effort est nécessaire pour le marcheur – surtout en début d'itinéraire, le sentier étant très escarpé. Ce parc est considéré comme une réserve de biosphère reconnue par l'Unesco depuis 1981, avec ses nombreuses espèces endémiques comme la chèvre sauvage crétoise, dont il constitue le tout dernier refuge naturel.

TERROIRS et BALADES • en France •

Escapade en Champagne

Le lac du Der en Champagne, un des plus grands lacs d'Europe, est récent : mis en eau dans les années 1970 pour réguler le niveau de la Marne et protéger Paris des inondations, il est devenu depuis un site incontournable pour les passionnés de balade, de patrimoine et de nature. Son nom vient d'un terme celte désignant le chêne, arbre bien présent dans toute la région. Pour les promeneurs, routes de campagne, charme des églises en pierre à pans de bois, nombreux musées et châteaux jalonnent les environs. **Et chaque année, fin octobre, se tient la fête de la grue et de la migration,** pour fêter le retour des grues cendrées dans la région, avec de multiples animations, conférences, observations, balades commentées et partages en partenariat avec les associations et guides locaux.

GRANDS voyageurs

Nellie Bly (1864-1922)
La première femme grand reporter

Elizabeth Jane Cochrane naît en 1864 en Pennsylvanie, aux États-Unis. Elle est considérée comme la première femme grand reporter et aventurière, symbole du journalisme d'investigation au féminin. Douée pour l'écriture, elle lit toute jeune dans un journal local que « les femmes qui travaillent sont une monstruosité », et adresse une lettre de réponse scandalisée au rédacteur en chef qui, impressionné, l'embauche. Elle prend alors son pseudonyme de Nellie Bly inspiré par une chanson populaire de l'époque et enchaîne les défis.

Parmi ceux-ci, le plus spectaculaire : réaliser, pour son journal le *New York World*, le tour du monde en moins de 80 jours, sans aide, ni guide ni la moindre escorte. Première femme à se lancer dans ce périple en solitaire, elle fait l'objet de vives critiques et part, munie d'un seul bagage et d'une seule robe, le 14 novembre 1889. Enchaînant les étapes, tenant même à saluer Jules Verne en faisant un détour par Amiens, subissant la concurrence d'une rivale envoyée par un journal concurrent, subissant tempêtes et aléas d'un tel voyage, elle rentre victorieuse 72 jours plus tard, après avoir tenu au courant ses lecteurs de chacun de ses exploits, témoignage unique du monde d'alors. Elle couvrira la guerre de 1914, en direct des tranchées. Elle meurt d'une pneumonie à 57 ans, et représente une figure culte du journalisme, de l'émancipation des femmes et de l'exploration du monde.

CULTURE

Mots nouveaux

La langue française, bien vivante, intègre régulièrement de nouveaux mots. Connaissez-vous ceux-ci, récemment entrés au *Petit Robert* ?

1 Qu'est-ce qu'un poké ?

A. Un dessert scandinave à base de noisettes et de café
B. Une boisson énergisante du Laos à base de lait végétal
C. Un mot créole désignant les jeux de cartes
D. Un plat hawaïen à base de poisson cru

2 La glottophobie désigne :

A. La phobie des rapaces
B. La peur des espaces déserts et gelés
C. Une discrimination basée sur les accents régionaux
D. L'angoisse liée au dérèglement climatique

RÉPONSES

1 D. Ce plat, composé de poisson cru coupé en cubes, généralement mariné et assorti de condiments est une spécialité hawaïenne servie avec du riz, sous le nom de *poke bowl*, largement intégrée dans les cartes des restaurants européens ces dernières années.

2 C. Du grec *glotta*, « langue », et de phobie, ce nouveau mot désigne une discrimination basée sur certains traits linguistiques, notamment les accents. Le site Babbel précise qu'« elle repose sur une idéologie du langage qui n'accepte qu'une forme correcte, considérée supérieure. Les autres façons de parler, en particulier lorsqu'elles font intervenir des accents, sont alors jugées inférieures et sont source de honte ».

HOMMES & FEMMES du MONDE

DÉCOUVRIR LES YORUBAS
UNE ETHNIE PUISSANTE

Le festival Olojo, l'une des fêtes populaires les plus emblématiques des Yorubas, est célébré chaque année à Ife en septembre ou octobre. Les Yorubas constituent aujourd'hui l'un des plus grands groupes ethniques d'Afrique –estimé à près de 30 millions d'individus. À la tête d'un puissant royaume au VIIIe siècle à Ife, ils étaient déjà organisés autour de puissantes cités-États avant l'arrivée des colons britanniques. L'esclavage les a déportés du Nigeria et du Bénin en Amérique, où ils ont répandu leur religion : à Trinité-et-Tobago, Cuba, Haïti, Sainte-Lucie, ou encore au Brésil, en Guyane et en Jamaïque.
On retrouve l'héritage de leur culture – basée sur le culte d'une multitude d'ancêtres divinisés et protecteurs, les *orishas*, qui s'incarnent chez certains adeptes au cours de transes – dans le vaudou haïtien, la santeria cubaine ou la macumba brésilienne. Aux Caraïbes, les Yorubas ont souvent été syncrétisés avec les saints chrétiens. Surprenant, le pays yoruba compterait aujourd'hui une fréquence de naissance de jumeaux très supérieure à la moyenne mondiale, avec semble-t-il 45 à 50 jumeaux pour 1 000 naissances, soit plus du triple ou du quadruple des moyennes observées. La ville de Igbo-Ora s'est ainsi autoproclamée « capitale mondiale des jumeaux », laissant les scientifiques perplexes sur les causes de ce phénomène.

À VOUS DE JOUER

Vrai ou faux ?

❶ La galette frangipane figure parmi les 13 desserts d'un Noël traditionnel en Provence.
☐ VRAI ☐ FAUX

❷ L'hanami, au Japon, est la fête de l'hiver et célèbre les journées les plus courtes de l'année par des danses traditionnelles, principalement consacrées à la Lune.
☐ VRAI ☐ FAUX

❸ Cesaria Evora est une exploratrice du XIXe siècle qui a participé à la découverte du Cap-Vert avec les colons portugais.
☐ VRAI ☐ FAUX

RÉPONSES
❶ FAUX. ❷ FAUX. Ce terme signifie littéralement « regarder les fleurs » et désigne la coutume traditionnelle japonaise de contemplation de la beauté des fleurs, de cerisier notamment, au printemps. ❸ FAUX. Surnommée la « diva aux pieds nus » (1941-2011), Cesaria Evora était l'une des plus grandes chanteuses internationales cap-verdiennes.

1001 ESPÈCES

Inséparables, le poisson-clown et l'anémone de mer

Deux espèces inséparables, symboles de la symbiose au sein de la nature. Le premier tire son nom de ses couleurs bariolées et vit au cœur des récifs coralliens des océans Pacifique et Indien, au sein de la seconde, qui ressemble à du corail, mais munie de tentacules très urticants. Si le poisson-clown les nettoie des parasites et des restes de repas, l'anémone de mer lui offre, en échange, un précieux refuge contre les prédateurs. Grâce à ses écailles couvertes de mucus, le poisson-clown est en effet protégé contre le venin de l'anémone, et serait le seul poisson connu à pouvoir s'y réfugier ainsi. D'autres binômes indissociables existent dans la nature : comme eux, les coraux vivent ainsi en symbiose avec des algues microscopiques qui participent à la vie des massifs coralliens… C'est une autre éloquente démonstration de cohabitation et complémentarité naturelle entre les espèces.

Le beffroi de Lille, en briques et en béton, édifié en 1932 est haut de 104 mètres.

MERVEILLES du PATRIMOINE

LE NORD, TERRE DES BEFFROIS

Ces tours très élevées, construites au cœur des villes du Nord, qui dominent le plus souvent la place principale, participent au patrimoine européen : 23 d'entre elles sont inscrites depuis 2005 comme une extension des 32 beffrois belges déjà classés depuis la fin du XXe siècle au patrimoine mondial de l'Unesco.

Édifice symbolique du paysage dans les anciens Pays-Bas et le nord de la France, le beffroi matérialise véritablement la naissance du pouvoir municipal au Moyen Âge. Il est d'un usage séculier, et une trace vivante de ce pouvoir communal : c'est un symbole « hautement » représentatif de la conquête des libertés civiques, signifiant aux habitants leur existence collective par opposition au seigneur (avec son donjon) et au clergé (avec son clocher), et constitue ainsi en quelque sorte « la troisième tour » du paysage urbain de l'époque. Le beffroi leur permet de conserver chartes et trésors, accueille les réunions des hauts gradés de la communauté, magistrats et échevins, et muni de cloches et de puissants carillons, il sert aussi de tour de guet et de prison. Il est ainsi devenu au fil des siècles le symbole de la puissance et de la prospérité des communes. Construits entre le XIe et le XVIIe siècle, les beffrois affichent des styles architecturaux roman, gothique, renaissance ou baroque. Souvent détruits, ils ont été reconstruits dans le style de leur époque de reconstruction, d'où une très grande diversité de styles... jusqu'aux plus contemporains du XXe siècle. **Chaque année, fin octobre, les journées nationales de l'architecture sont une occasion originale de les redécouvrir.**

BON VOYAGE

CAMINO FRANCÉS, LE PLUS COSMOPOLITE DES ITINÉRAIRES ESPAGNOLS

Le plus mythique des itinéraires espagnols qui mènent pèlerins et marcheurs à Saint-Jacques-de-Compostelle. Axe de peuplement historique, le long de la frontière avec les Maures, on y accède par la Navarre, en passant par le col de Roncevaux depuis Saint-Jean-Pied-de-Port, ou par l'Aragon, via le col du Somport depuis Oloron-Sainte-Marie. Abondamment balisé, sans réelle difficulté pour le marcheur, il est jalonné de nombreux hébergements, au fil des villes et villages qui regorgent de trésors. Le bonheur de découvrir un panorama de l'art religieux européen, aux styles multiples, inscrit sur la liste du patrimoine mondial en 1993, et un paysage unique propice au ressourcement, sur 800 kilomètres de parcours à travers le nord de l'Espagne. Jusqu'à l'apothéose que constitue la vieille ville de Saint-Jacques. À noter pour préparer son séjour qu'une foule importante s'y presse de juin à septembre, notamment sur les 100 derniers kilomètres. **Préférez donc la douceur du mois d'octobre.**

FLASH MÉTÉO du monde

En octobre...

À Mascate (Oman)
de 26 à 34 °C
0 jour de pluie

À Sydney (Australie)
de 15 à 22 °C
11 jours de pluie

À Bangkok (Thaïlande)
de 23 à 32 °C
16 jours de pluie

À VOUS DE JOUER

Quiz visuel

Où a été prise cette photo ?

A. Dans le Lubéron B. Dans le Colorado
C. En Mongolie D. En Australie

RÉPONSE

A. Les ocres du Lubéron offrent un paysage saisissant et mêlent toutes les nuances de jaune, de rouge et d'orangé dans ses falaises et ses canyons. Des villages de Roussillon à Rustrel, avec leurs sentiers et chemins aménagés dans d'anciennes carrières d'ocre, tout laisse imaginer au promeneur qu'il est au bout du monde !

« J'adore le sentiment d'anonymat dans une ville où je ne suis jamais allé auparavant. »

BILL BRYSON, *écrivain*

TERROIRS *et* BALADES • *en France* •

Un havre de paix pour les randonneurs
Pays basque

La forêt d'Iraty offre un véritable paradis aux marcheurs. À cheval entre la France et l'Espagne, elle est précisément située entre la Soule et la Basse-Navarre du côté français et en Navarre du côté espagnol. La plus grande hêtraie d'Europe, entre le plateau d'Okabe et le pic d'Orhi, permet d'y randonner, faire du VTT ou pêcher dans une relative fraîcheur en été. Mais ses nombreuses activités de pleine nature en font aussi un site idéal au printemps, en compagnie des troupeaux et sous l'œil des bergers... **ou à l'automne, lorsque les milliers d'oiseaux migrateurs se croisent au col d'Organbidexka.** Quant à l'hiver, raquettes et ski de fond dans des itinéraires balisés permettent une découverte encore totalement différente de cet environnement préservé.

Un espace naturel authentique empreint de mythes et de légendes séculaires, dans le respect des traditions perpétuées par les bergers d'estive. Elle serait ainsi le repère de Basajaun, le yéti « seigneur de la forêt ». Un personnage de la mythologie basque, homme sauvage aussi respecté que craint, protecteur de la nature et des activités pastorales et agricoles qui subsistent aujourd'hui. C'est une porte grande ouverte sur le patrimoine naturel et culturel du Pays basque.

EN PLEINE NATURE

LE KAKADU NATURE ET ARCHÉOLOGIE

Quelle incroyable variété de richesses naturelles dans le plus grand parc national d'Australie (Territoire du Nord) ! Classé depuis 1981 au patrimoine mondial de l'Unesco, situé à trois heures de route de Darwin, il possède la plus grande variété d'écosystèmes de tout le continent. Plateaux rocailleux, mangroves salées, forêts vierges et savanes boisées alternent avec des falaises et des chutes d'eau grandioses. Telles les impressionnantes Jim Jim Falls, qui déversent leur flux ininterrompu à une hauteur de plus de 250 mètres. D'innombrables trous d'eau étincelants de lumière parsèment également ce parc, comme le Yellow Water Billabong, à explorer en bateau à fond plat. Idéal pour observer les oiseaux, migrateurs ou locaux, parmi plus de 280 espèces que compte le parc, s'étonner des fourmilières géantes ou entrapercevoir par exemple des crocodiles géants d'eau de mer, les salties.

C'est fin octobre, après des mois de sécheresse, que la terre craquelée s'hydrate de nouveau et que la végétation luxuriante reprend ses droits, pendant cette période que les aborigènes, les Bininj/Mungguy, nomment *Gunumeleng* : la saison des tempêtes d'avant la mousson, le temps d'aller migrer vers les hauteurs mieux protégées des orages de la saison humide à venir. L'occasion de profiter de couchers de soleil somptueux, loin du bush impénétrable et infesté de reptiles. Ce parc est également une merveille archéologique unique au monde, comme en témoigne la présence de peintures rupestres dans des grottes de grès rose, riches de trésors picturaux.

OCTOBRE

Pause lecture

Théâtre gréco-romain de Taormine avec l'Etna en arrière plan.

PAUSE LECTURE

Guy de Maupassant, outre le célèbre écrivain que l'on connaît, rédigea également plus de deux cents chroniques pour la presse. Sa passion pour les voyages, antidote rêvé pour échapper à sa dépression parisienne, le mène notamment en Sicile, où il livre à ses lecteurs, tel un fidèle guide, un témoignage authentique de ses émotions et anecdotes recueillies au cours de ses visites.

La Vie errante

GUY DE MAUPASSANT, 1890

On est convaincu, en France, que la Sicile est un pays sauvage, difficile et même dangereux à visiter. De temps en temps, un voyageur, qui passe pour un audacieux, s'aventure jusqu'à Palerme, et il revient en déclarant que c'est une ville très intéressante. Et voilà tout. En quoi Palerme et la Sicile tout entière sont-elles intéressantes ? On ne le sait pas au juste chez nous. À la vérité, il n'y a là qu'une question de mode. Cette île, perle de la Méditerranée, n'est point au nombre des contrées qu'il est d'usage de parcourir, qu'il est de bon goût de connaître, qui font partie, comme l'Italie, de l'éducation d'un homme bien élevé.

À deux points de vue, cependant, la Sicile devrait attirer les voyageurs, car ses beautés naturelles et ses beautés artistiques sont aussi particulières que remarquables. On sait combien est fertile et mouvementée cette terre, qui fut appelée le grenier de l'Italie, que tous les peuples envahirent et possédèrent l'un après l'autre, tant fut violente leur envie de la posséder, qui fit se battre et mourir tant d'hommes, comme une belle fille ardemment désirée. C'est, autant que l'Espagne, le pays des oranges, le sol fleuri dont l'air, au printemps, n'est qu'un parfum ; et elle allume, chaque soir, au-dessus des mers, le fanal monstrueux de l'Etna, le plus grand volcan d'Europe. Mais ce qui fait d'elle, avant tout, une terre indispensable à voir et unique au monde, c'est qu'elle est, d'un bout à l'autre, un étrange et divin musée d'architecture.

→

L'architecture est morte aujourd'hui, en ce siècle encore artiste, pourtant, mais qui semble avoir perdu le don de faire de la beauté avec des pierres, le mystérieux secret de la séduction par les lignes, le sens de la grâce dans les monuments. Nous paraissons ne plus comprendre, ne plus savoir que la seule proportion d'un mur peut donner à l'esprit la même sensation de joie artistique, la même émotion secrète et profonde qu'un chef-d'œuvre de Rembrandt, de Vélasquez ou de Véronèse.

La Sicile a eu le bonheur d'être possédée, tour à tour, par des peuples féconds, venus tantôt du Nord et tantôt du Sud, qui ont couvert son territoire d'œuvres infiniment diverses, où se mêlent, d'une façon inattendue et charmante, les influences les plus contraires. De là est né un art spécial, inconnu ailleurs, où domine l'influence arabe, au milieu des souvenirs grecs, et même égyptiens, où les sévérités du style gothique, apporté par les Normands, sont tempérées par la science admirable de l'ornementation et de la décoration byzantines.

Et c'est un bonheur délicieux de rechercher, dans ces exquis monuments, la marque spéciale de chaque art, de discerner tantôt le détail venu d'Égypte, comme l'ogive lancéolée qu'apportèrent les Arabes, les voûtes en relief, ou plutôt en pendentifs, qui ressemblent aux stalactites des grottes marines, tantôt le pur ornement byzantin, ou les belles frises gothiques qui éveillent soudain le souvenir des hautes cathédrales des pays froids, dans ces églises un peu basses, construites aussi par des princes normands.

Quand on a vu tous ces monuments qui ont, bien qu'appartenant à des époques et à des germes différents, un même caractère, une même nature, on peut dire qu'ils ne sont ni gothiques, ni arabes, ni byzantins, mais siciliens, on peut affirmer qu'il existe un art sicilien et un style sicilien, toujours reconnaissable, et qui est assurément le plus charmant, le plus varié, le plus coloré et le plus rempli d'imagination de tous les styles d'architecture.

C'est également en Sicile qu'on retrouve les plus magnifiques et les plus complets échantillons de l'architecture grecque antique, au milieu de paysages incomparablement beaux.

La traversée la plus facile est celle de Naples à Palerme. On demeure surpris, en quittant le bateau, par le mouvement et la gaieté de cette grande ville de 250 000 habitants, pleine de boutiques et de bruit, moins agitée que Naples, bien que tout aussi vivante. Et d'abord, on s'arrête devant la première charrette aperçue. Ces charrettes, de petites boîtes carrées haut perchées sur des roues jaunes, sont décorées de peintures naïves et bizarres qui représentent des faits historiques ou particuliers, des aventures de toute espèce, des combats, des rencontres de souverains, mais, surtout, les batailles de Napoléon Ier et des Croisades. Une singulière découpure de bois et de fer les soutient sur l'essieu ; et les rayons de leurs roues sont ouvragés aussi. La bête qui les traîne porte un pompon sur la tête et un autre au milieu du dos, et elle est vêtue d'un harnachement coquet et coloré, chaque morceau de cuir étant garni d'une sorte de laine rouge et de menus grelots. Ces voitures peintes passent par les rues, drôles et différentes, attirent l'œil et l'esprit, se promènent comme des rébus qu'on cherche toujours à deviner. [...]

Les Siciliens semblent avoir pris plaisir à grossir et à multiplier les histoires de bandits pour effrayer les étrangers ; et, encore aujourd'hui, on hésite à entrer dans cette île aussi tranquille que la Suisse.

Voici une des dernières aventures à mettre au compte des rôdeurs malfaisants. Je la garantis vraie.

Un entomologiste fort distingué de Palerme, M. Ragusa, avait découvert un coléoptère qui fut longtemps confondu avec le *Polyphylla Olivieri*. Or, un savant allemand, M. Kraatz, reconnaissant qu'il appartenait à une espèce bien distincte, désira en posséder quelques spécimens et écrivit à un de ses amis de Sicile, M. di Stephani, qui s'adressa à son tour à M. Giuseppe Miraglia, pour le prier de lui capturer quelques-uns de ces insectes. Mais ils avaient disparu de la côte. Juste à ce moment, M. Lombardo Martorana, de Trapani, annonça à M. di Stephani qu'il venait de saisir plus de cinquante polyphylla.

M. di Stephani s'empressa de prévenir M. Miraglia par la lettre suivante :

« Mon cher Joseph,

« Le *Polyphylla Olivieri*, ayant eu connaissance de tes intentions meurtrières, a pris une autre route et il est allé se réfugier sur la côte de Trapani, où mon ami Lombardo en a déjà capturé plus de cinquante individus. »

Ici, l'aventure prend des allures tragi-comiques d'une invraisemblance épique.

→

À cette époque, les environs de Trapani étaient parcourus, paraît-il, par un brigand nommé Lombardo.

Or, M. Miraglia jeta au panier la lettre de son ami. Le domestique vida le panier dans la rue, puis le ramasseur d'ordures passa et porta dans la plaine ce qu'il avait recueilli. Un paysan, voyant dans la campagne un beau papier bleu à peine froissé, le ramassa et le mit dans sa poche, par précaution ou par un besoin instinctif de lucre.

Plusieurs mois se passèrent, puis cet homme, ayant été appelé à la questure, laissa glisser cette lettre à terre. Un gendarme la saisit et la présenta au juge qui tomba en arrêt sur les mots : intentions meurtrières, pris une autre route, réfugiés, capturés, Lombardo. Le paysan fut emprisonné, interrogé, mis au secret. Il n'avoua rien. On le garda et une enquête sévère fut ouverte. Les magistrats publièrent la lettre suspecte mais, comme ils avaient lu « Petronilla Olivieri » au lieu de « Polyphylla », les entomologistes ne s'émurent pas.

Enfin on finit par déchiffrer la signature de M. di Stephani, qui fut appelé au tribunal. Ses explications ne furent pas admises. M. Miraglia, cité à son tour, finit par éclaircir le mystère.

Le paysan était demeuré trois mois en prison.

Un des derniers brigands siciliens fut donc, en vérité, une espèce de hanneton connu par les hommes de science sous le nom de *Polyphylla Ragusa*.

Rien de moins dangereux aujourd'hui que de parcourir cette Sicile redoutée, soit en voiture, soit à cheval, soit même à pied. Toutes les excursions les plus intéressantes, d'ailleurs, peuvent être accomplies presque entièrement en voiture. [...]

Nous revenons à Syracuse alors que le soleil se couche ; et nous regardons, dans la rade, un paquebot qui vient d'arriver et qui, ce soir même, nous emportera vers l'Afrique.

À l'ouest de la Sicile, au bord de la Méditerranée, la ville de Palerme.

La porte de la médina à Fès au Maroc.

MARGIT
BKV
BS1
BKV
BS1

Novembre

Après ce voyage littéraire en Sicile (p. 261), novembre est un mois propice pour découvrir des destinations inattendues, telle Maripasoula (p. 276) en Guyane, réservée aux plus aventureux et curieux d'entre vous, ou à travers ces pages, des animaux méconnus comme le kakapo (p. 278) ou le capybara (p. 271) ! Visitez des gares d'exception (p. 277), ou des destinations mythiques que nous vous recommandons aussi de rejoindre idéalement ce mois-ci (p. 282) pour jouir de l'automne sous le signe de la découverte du monde…

Éphéméride express

N'oublions pas à travers le monde :

- **1er novembre.** Toussaint. Journée de la jalousie en Finlande (p. 270).
- **Fin octobre-mi-novembre.** Diwali, fête majeure dans le monde indien, fête de la lumière.
- **Courant novembre (pleine lune du 12e mois du calendrier lunaire).** Loy Krathong, fête des lanternes à Chiang Mai, Thaïlande, ou fête des lumières. Fin de la mousson.
- **Courant novembre.** Tazaungdaing ou Hot Air Balloon festival, festival des montgolfières, Birmanie.

← Budapest, Hongrie.

À VOUS DE JOUER

La citation mystère

À chaque lettre de l'alphabet correspond un nombre unique : reportez-les au fur et à mesure dans la grille pour retrouver cette citation de Susan Sontag. Solution page 272.

A	B	C	D	E	F	G	H	I	J	K	L	M	N	O	P	Q	R	S	T	U	V	W	X	Y	Z
9																	6	5							

_	_		_	'	A	_		_	A	S		_	_	_	_	R	_		É	_	É
16	22		15		9	4		7	9	5		22	15	21	23	6	22			19	

_	A	R	_	_	_	_	,	_	A	_	S		_	'	_	S	_		S	_	R
7	9	6	19	23	10	19		20	9	4	5		21		22	5	19		5	10	6

_	A		_	_	S	_	_
20	9		17	4	5	19	22

TRADITIONS DU MONDE

LA JOURNÉE DE LA JALOUSIE
Finlande

Depuis le XIXe siècle se perpétue une tradition bien particulière en Finlande, chaque 1er novembre, attendue avec une impatience non dissimulée par certains et redoutée par bien d'autres, baptisée avec humour « Journée nationale de la jalousie » par les Finlandais eux-mêmes… En effet, au nom de la transparence, le revenu imposable de chaque citoyen est consultable publiquement en ce jour de début novembre. Des informations épluchées par les médias ou les simples curieux : célébrités, ex-mari, voisins, proches collègues ou ministres, aucun n'échappe à cette règle, l'impératif de probité morale chère aux Finlandais passant parfois par l'acceptation d'un contrôle social important. La plupart des Finlandais considèrent d'ailleurs cette publication des données fiscales comme un indicateur significatif de l'engagement du pays en faveur de l'égalité et du bien-être de ses concitoyens… Et sert finalement tout autant à pointer du doigt les éventuels fraudeurs ou exilés fiscaux ainsi repérés !

1001 ESPÈCES

Le capybara, plus gros rongeur du monde

Imposant et très en vogue, ce capybara (*Hydrochoerus hydrochaeris*) ! Ce rongeur qu'on appelle également carpincho, grand cabiaï ou chiguire, originaire d'Amérique du Sud est courant en Argentine.Il mesure plus d'un mètre de long et peut peser… 50 kilogrammes : des mensurations qui lui valent le titre de plus gros rongeur du monde. Mammifère semi-aquatique, excellent nageur, il fait preuve d'une étonnante cohésion sociale entre les différentes générations de l'espèce. Bien qu'il soit apprécié pour sa chair depuis des siècles, en particulier au Venezuela ou en Colombie, son allure de marmotte/cochon d'Inde géant, tendre et vulnérable, lui vaut surtout aujourd'hui d'être l'une des vedettes inattendues des réseaux sociaux, comme TikTok où il compte plus de 6,8 milliards de vues pour les vidéos toujours plus nombreuses qui le mettent en scène avec un attendrissement certain !

• Mots d'ailleurs •

Hanyauku
(namibien)

Ce mot *kwangali*, utilisé dans la langue bantoue parlée par la population kavango, surtout en Namibie et en Angola, nécessite toute une phrase pour exprimer son équivalent en français, pour une sensation que l'on imagine pourtant fort bien… : il s'agit de marcher sur la pointe des pieds sur du sable brûlant.

• Mots d'ailleurs •

Irusu
(japonais)

Autre exemple d'un mot intraduisible en un seul équivalent… Ce verbe caractérise le fait de se faire le plus discret possible et de prétendre ne pas être chez soi lorsque quelqu'un sonne à la porte… (Quand bien même les lumières seraient encore allumées, comme si on avait dû filer précipitamment !)

Flash météo du monde

En novembre…

À Mexico (Mexique)
De 6 à 21 °C, 2 jours de pluie

À Papeete (Polynésie française)
De 23 à 29 °C, 11 jours de pluie

À Helsinki (Finlande)
De 0 à 4 °C, 11 jours de pluie

NOVEMBRE

La plage de Sapphire à Saint-Thomas.

À VOUS DE JOUER

La citation mystère

Solution du jeu page 270.

A	B	C	D	E	F	G	H	I	J	K	L	M	N	O	P	Q	R	S	T	U	V	W	X	Y	Z
9	2	21	1	22	12	26	3	4	16	8	17	20	15	23	7	13	6	5	19	10	24	25	18	11	14

JE N'AI PAS ENCORE ÉTÉ PARTOUT,
16 22 15 9 4 7 9 5 22 15 21 23 6 22 22 19 22 7 9 6 19 23 10 19

MAIS C'EST SUR MA LISTE
20 9 4 5 21 22 5 19 5 10 6 20 9 17 4 5 19 22

BON VOYAGE

SAINT-THOMAS PERLE DES ÎLES VIERGES

Une petite perle de la mer des Caraïbes (81 km² pour environ 50 000 habitants), qui constitue avec celles de Saint-John et Sainte-Croix les îles Vierges des États-Unis. Repaire de pirates, corsaires et flibustiers au XVIIe siècle, elle est aujourd'hui celui des touristes à la recherche de sable blanc, d'eaux turquoise, de brise légère et de farniente paisible, **dans un décor idyllique et des conditions météorologiques optimales en novembre ou décembre.** C'est la carte postale parfaite. Le spot de Sapphire Beach, au nom évocateur, avec ses palmiers, sa faune et sa flore environnantes, et ses nombreuses activités, confine au paradis pour les amateurs de ce type de cadre et de destination. Un point de départ également idéal pour visiter les autres îles voisines, non dénuées de charme ni d'intérêt historique, dans des sites naturels d'exception.

> « Voyager vous laisse d'abord sans voix, avant de vous transformer en conteur. »

IBN BATTUTA, explorateur

EN PLEINE NATURE

LES MONSTRES DE PIERRE ISLANDAIS

Une fresque minérale exceptionnelle : parmi toutes les formations géologiques imposantes et fascinantes que propose l'Islande, les Reynisdrangar, au large de la côte de Vik, impressionnent. Ces arêtes noires et saillantes sont en réalité un ensemble de rochers appelés *stacks* : le fruit de l'érosion qui décime le littoral et détache progressivement ces pans entiers de pics rocheux et d'aiguilles minérales de la montagne à laquelle ils appartenaient. Leurs formes, leur étrangeté et leur inquiétante élégance nourrissent fantasmes, croyances et légendes depuis toujours.

Ici, on raconte que deux trolls tentaient un jour de ramener sur la terre ferme un navire naufragé pour le piller. Surpris par le jour, dont ils ne peuvent supporter les rayons lumineux, ils furent pétrifiés pour l'éternité en ces silhouettes noires et imperturbables. Du haut de la montagne Reynisfjall toute proche, le point de vue est à couper le souffle : la mémoire de ces trolls statufiés en premier plan, et l'océan à perte de vue... **Visiter l'Islande entre novembre et mars vous permettra en outre de pénétrer non loin dans des grottes de glace de toute beauté.**

MERVEILLES du PATRIMOINE

LES SITES CLASSÉS DE L'UNESCO

On parle fréquemment de sites classés au patrimoine mondial avec l'engagement commun pour les pays y figurant de préserver cet héritage pour les générations futures.... Mais depuis quand ?

L'idée de concilier la conservation des sites culturels et celle des sites naturels vient des États-Unis d'Amérique. Une conférence à la Maison-Blanche à Washington en 1965, a demandé la création d'une fondation du patrimoine mondial qui stimulerait la coopération internationale afin de protéger « les lieux, les paysages et les sites historiques les plus extraordinaires pour le présent et l'avenir de toute l'humanité [...] **La Convention concernant la protection du patrimoine mondial, culturel et naturel a été adoptée par la Conférence générale de l'Unesco, le 16 novembre 1972 »**, précise le site de l'Unesco. C'est cet anniversaire qui est célébré cette semaine, avec début 2024 très exactement 1 199 sites inscrits au patrimoine mondial, répartis dans 168 pays.

Manhattan et la statue de la Liberté, New York.

TERROIRS et BALADES • en France •

Maripasoula, plus grande que Paris !

Que de records pour cette commune française de Guyane ! Maripasoula est située au cœur du parc amazonien de Guyane et représente de loin la plus grande ville de France en superficie. 174 fois la taille de Paris, soit une fois et demie celle de toute l'Île-de-France ! C'est aussi la commune la moins densément peuplée de France, car son territoire est occupé par 99,9 % de forêt vierge amazonienne. Avec un climat de savane à hiver sec, **octobre et novembre sont deux bons mois pour la visiter.** Elle est en outre frontalière de deux pays : le Suriname et le Brésil et constitue donc une porte d'entrée majeure sur le territoire français. En métropole, c'est la commune d'Arles qui détient ce record. À l'inverse, connaissez-vous la ville française la plus petite du territoire ? Reportez-vous à l'index pour découvrir Castelmoron-d'Albret...

ZOOM SUR... ZOOM SUR... ZOOM SUR... ZOOM SUR... ZOOM SUR... ZOOM SUR... ZOOM SUR... ZOOM SUR...

Deux gares uniques à découvrir

1 Sirkeci, Istanbul

Située au pied du palais de Topkapi, elle est l'œuvre de l'architecte allemand August Jasmund, dans un style byzantin allié aux influences mauresques et à l'Art nouveau. Construite par les Chemins de fer orientaux et inaugurée le 3 novembre 1890 par le sultan Abdülhamid II, la gare était le terminus de l'Orient-Express jusque dans les années 1970, fin d'un périple mythique qui reliait Paris, Vienne, Budapest, Sofia et s'achevait à Istanbul. Outre son destin unique par ce lien historique avec l'Occident, son architecture atypique (façade rose dotée de rosaces et de faïences, tours à horloge et dôme carré...) contribue à la classer parmi les lieux d'exception.

2 Dunedin Railway Station, Nouvelle-Zélande

Surnommée la « Gingerbread House » (« la maison en pain d'épice », valant à son architecte George Troup le surnom de « *Gingerbread George* » !), l'immense gare de Dunedin, au sud de la Nouvelle-Zélande, est stupéfiante... Inaugurée en 1906, elle mêle une façade de style renaissance flamande, des briques de basalte noir et de calcaire, un toit doté de tuiles en terre cuite provenant de Marseille, et serait le monument le plus photographié de Nouvelle-Zélande. À l'intérieur, un hall principal doté d'un parterre recouvert de 750 000 mosaïques, qui décline une locomotive et l'ancien logo de la compagnie New Zealand Railways, dans un luxe inouï de décors. Assurément une curiosité architecturale unique.

1001 ESPÈCES

Le perroquet-hibou ou kakapo

(*Strigops habroptilus*)

Cette espèce insolite a récemment fait son entrée au dictionnaire *Larousse*, sous la forme d'un « gros perroquet nocturne et frugivore, endémique de Nouvelle-Zélande, au plumage vert et jaune, inapte au vol en raison de ses ailes trop courtes et pas assez puissantes ». C'est en effet toute la particularité atypique de ce grand volatile, dont le nom signifie « perroquet de nuit » en maori : il est le plus lourd au monde – 4 kilogrammes – et le seul à ne pouvoir voler. Excellent grimpeur, il peut monter à la cime des arbres les plus élevés, et doit se « parachuter » pour descendre en sautant et déployant ses vastes ailes.

S'il est sans doute l'un des oiseaux à l'espérance de vie la plus longue au monde, il n'en est pas moins menacé d'extinction, après avoir pourtant été en surpopulation pendant des siècles. Capturé, curiosité scientifique au XIXe siècle, empaillé dans de nombreux musées à travers le monde, proie locale de nombreux prédateurs, chassé pour sa chair ou son plumage d'un jaune vert chatoyant recherché pour des vêtements, les raisons sont multiples et le constat radical : à peine une centaine de congénères survivants recensés au début des années 2010… et un programme désormais actif et efficace pour assurer sa préservation dans les décennies à venir.

Le goût de GÉO

LE PAPRIKA

Le paprika est aussi connu sous le nom de piment doux, ou *pimentón* en Espagne. Cette épice en poudre de couleur rouge, d'une saveur âcre et légèrement piquante, est obtenue à partir du fruit mûr, séché et moulu du piment doux ou poivron. Elle est originaire d'Amérique du Sud et Centrale, où elle était déjà cultivée en 7000 av. J.-C ! Les Aztèques et les Mayas l'ont utilisée certes comme épice, mais aussi comme plante médicinale – pour apaiser douleurs dentaires et arthrose – ou comme monnaie. Elle fut ensuite introduite en Europe au début de la colonisation espagnole, et a rapidement rayonné dans tous les pays d'Europe, jusqu'en Hongrie, où elle devient même une véritable épice nationale au XIXe siècle. Le paprika s'intègre aisément dans la cuisine quotidienne : saupoudrez-en un peu dans vos marinades, sur les poissons, volailles ou viandes… ou ajoutez un petit goût d'évasion cet automne à vos fromages ou au jambon cru en leur adjoignant une petite pincée de cette délicate épice multimillénaire !

LA PÉNINSULE DU SINAÏ
PARADIS DES PLONGEURS

BON VOYAGE

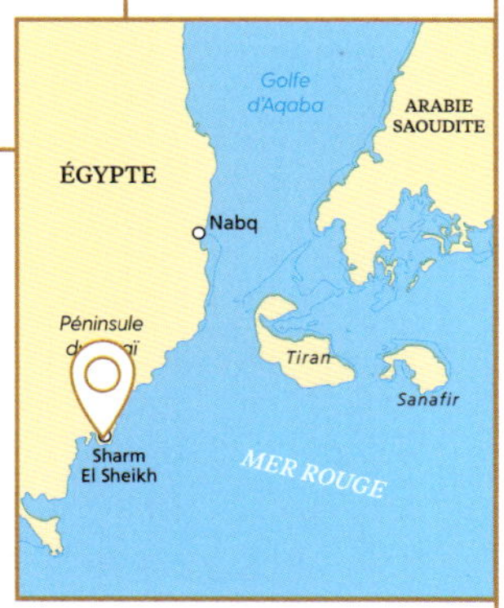

Le mont Sinaï, haut lieu biblique – Moïse y aurait reçu les dix commandements – est accessible en deux heures et demie à pied, ou par les 3 750 marches dites de la pénitence, et culmine à 2 285 mètres. Il partage son nom avec le célèbre désert et plus largement la péninsule baignée dans la mer Rouge, au nord-est de l'Égypte, dont les fonds sous-marins exceptionnels en font un éden pour les plongeurs et amateurs de *snorkeling*. Le parc national Ras Mohammed est ainsi l'un des plus beaux écosystèmes coralliens au monde, avec des fonds recensant 1 000 espèces de poissons, oursins et étoiles de mer, nombre d'épaves... et sur terre : gazelles, multiples lézards et mangroves propices à la reproduction d'oiseaux comme la cigogne blanche. Une expérience unique pour les amoureux de la nature, **avec une météo locale tout à fait idéale en novembre pour en profiter pleinement...** sous réserve impérative des conditions politiques, vu les risques terroristes actuels dans la région.

DÉCOUVRIR LES SAMIS
ÉLEVEURS DE RENNES

Au-delà du cercle arctique, dans les vastes étendues du Grand Nord européen, vivent les Samis, peuple autochtone de la Laponie. Dispersés entre la Suède, la Finlande, la Norvège et la Russie, ils comptent moins de 100 000 individus qui ont préservé leur culture au fil des siècles en dépit notamment des exodes, de la révolution industrielle ou des évolutions de leur territoire. Traditionnellement éleveurs de rennes, marqueur fort et historique de la communauté samie, une minorité de la population en vit désormais directement. L'officialisation récente de leur langue ou la création d'un drapeau commun atteste de la reconnaissance progressive de leur unité au-delà des frontières administratives sur lesquelles s'étend leur territoire de vie, et des nombreux défis auxquels ils sont aujourd'hui confrontés. **Un départ en novembre garantit, au seuil de l'hiver polaire, un dépaysement total pour les y rencontrer.**

À VOUS DE JOUER

Jeu des 7 capitales

De quel pays les villes suivantes sont-elles la capitale ?

❶ **Jakarta**
A. Afrique du Sud
B. Indonésie
C. Sénégal

❷ **Managua**
A. Nicaragua
B. Libye
C. Viêt Nam

❸ **Budapest**
A. Roumanie
B. Hongrie
C. Bulgarie

❹ **Katmandou**
A. Népal
B. Indonésie
C. Philippines

❺ **Damas**
A. Tunisie
B. Biélorussie
C. Syrie

❻ **Tegucigalpa**
A. Honduras
B. Uruguay
C. Érythrée

❼ **Accra**
A. Portugal
B. Équateur
C. Ghana

RÉPONSES
❶B. ❷A. ❸B. ❹A. ❺C. ❻A. ❼C.

MERVEILLES *du* PATRIMOINE

VALPARAÍSO
OU L'ÉVOCATION DU VOYAGE

Quelle ville légendaire, dont la seule évocation inspire marins et voyageurs ! Par son rôle géopolitique essentiel dans la seconde moitié du XIXe siècle, tandis que son port est une escale sur la route maritime qui relie l'Atlantique au Pacifique par le détroit de Magellan, Valparaíso possède un passé portuaire riche d'histoires, de destins d'explorateurs et de migrations d'Européens venus la rejoindre pendant cet âge d'or. Son influence a ensuite décru avec l'ouverture du canal de Panama, mais elle offre aujourd'hui un exemple remarquable de développement urbain et architectural de la fin du XIXe siècle en Amérique latine. Avec un étonnant cadre naturel en forme d'amphithéâtre, une grande diversité de clochers d'églises, ses célèbres maisons colorées, ses cinq quartiers entrelacés et de nombreux funiculaires, les *ascensores*, à flanc de colline, qui lui valent d'être inscrite au patrimoine mondial par l'Unesco.

« Valpo », comme l'appellent les locaux, alterne entre cette authenticité héritée du passé et une modernité bien ancrée, premier port du Chili et siège de quatre universités. **La promesse d'une visite riche d'histoire, de culture, à privilégier entre novembre et mars.** Avec une mention spéciale pour La Sebastiana, l'ancienne résidence du poète chilien Pablo Neruda, transformée en musée, dont la vue sur le Pacifique confirme la réputation de ville mythique dont jouit Valparaíso, la *Valle Paraíso* : la vallée Paradis.

CULTURE

Week-end à Rome : 6 infos sur la chapelle Sixtine

• C'est l'une des salles du palais pontifical, au sein du Vatican à Rome, construite entre 1475 et 1483 par le pape Sixte IV.
• Elle est reliée à la basilique Saint-Pierre de Rome par l'escalier royal, la *scala regia*.
• Au sein de cette chapelle se tient historiquement le conclave des cardinaux : quand un nouveau pape est élu, une fumée blanche annonce alors au monde entier que le vote a abouti.

• La célèbre fresque du plafond a été réalisée par Michel-Ange entre 1508 et 1512 sur une commande de Jules II. Elle représente les épisodes de la Genèse, sur plus de 1 100 m².
• La fresque du mur de l'autel, le *Jugement dernier*, commandée par le pape Clément VII plus tardivement, en 1532, couvre 200 m² et obligera Michel-Ange d'y travailler jusqu'en 1541.
• Le peintre s'y est représenté sous les traits du martyr Barthélemy… il y travaillera jusqu'à 66 ans.

TRADITIONS DU MONDE

NOËL avant l'heure aux Philippines

Aux Philippines, il n'est pas rare d'entendre à la radio ou dans les magasins des chants de Noël des mois à l'avance, car **la période des fêtes y démarre dès septembre, et jusqu'au 9 janvier.** Début décembre, les familles préparent plus activement encore les festivités, en suspendant notamment des lanternes de bambou – à l'origine en papier japonais – en forme d'étoile dans les rues, pour symboliser l'étoile guidant les Rois mages. De nombreuses spécialités culinaires traditionnelles sont également concoctées à cette occasion : les *bibingka*, des gâteaux de riz, ou le dessert de Noël, le *puto bumbong*. Un gâteau de riz bien spécifique, cuit à la vapeur dans des tubes de bambou. Généralement violet et servi avec de la noix de coco râpée et de la cassonade, le plat favori des petits Philippins en ces temps festifs !

ZOOM SUR... ZOOM SUR... ZOOM SUR... ZOOM SUR... ZOOM SUR... ZOOM SUR... ZOOM SUR... ZOOM SUR...

À visiter à Toulouse, la basilique Saint-Sernin

À la hauteur de tous les trésors que recèle la ville rose, saviez-vous que cette basilique détient en France de multiples records ? Jugez plutôt !

Initialement destinée à accueillir les pèlerins qui prenaient la Via Garona pour se rendre dans la ville de Saint-Jacques-de-Compostelle, en Espagne, elle fut donc construite dans des dimensions gigantesques. Avec sa nef de 115 mètres, elle constitue ainsi la plus grande église romane de France et l'une des plus vastes de la planète.

Par ailleurs, monument le plus visité de la ville, elle possède une collection vraiment exceptionnelle de reliques : près de 200, d'une variété surprenante et unique au monde. La basilique conserverait ainsi des fragments de six des douze apôtres, une sainte épine de la couronne du Christ, un morceau de la vraie Croix, un fragment de la robe de la Vierge, un bout du rocher de la grotte de la Nativité... Ce qui en fait le plus important reliquaire après Saint-Pierre de Rome au Vatican.

Enfin, pour l'anecdote, une tribu celte rapporta de Rome et de Delphes des quantités d'or et de richesses à l'époque gallo-romaine, qu'elle aurait dissimulées dans un lac souterrain caché sous cette actuelle basilique. Lorsque les Romains occupèrent Toulouse, ils rapatrièrent à Rome une partie de ce fabuleux trésor. Mais la légende a longtemps prétendu que tout n'avait pas été récupéré et qu'enfouies dans le lac, il y resterait encore de grandes richesses... de quoi alimenter nombre d'élucubrations et de mystères, pour la joie des visiteurs toujours plus nombreux dans la capitale occitane.

NOVEMBRE

Des espèces menacées à protéger

En novembre, la nature se prépare pour l'hiver, faune et flore de concert, sans pour autant de répit pour la protection des espèces menacées. À travers le monde, des initiatives se multiplient pour sauvegarder des espèces emblématiques tels le tigre du Bengale ou le rhinocéros blanc d'Afrique, et tant d'autres à redécouvrir dans ces pages.

Tigre.

Mots mêlés

De nombreuses espèces, d'une importance écologique, économique ou culturelle, sont menacées à travers le monde. Elles nécessitent des efforts de conservation concertés. Des organisations œuvrent en ce sens à travers la planète, pour protéger cette faune et cette flore, sur terre ou dans les océans.

Étape 1

Dans la grille ci-dessous sont cachées 22 espèces considérées comme menacées. Elles sont à l'horizontale de droite à gauche ou de gauche à droite, à la verticale de haut en bas ou de bas en haut, en diagonale, et une même lettre peut servir à plusieurs mots. Combien en retrouvez-vous ? Vous trouverez à l'étape suivante une liste à titre d'indice !

E	M	B	E	L	U	G	A	I	T	E	U	X	V	C
A	L	U	T	A	P	R	E	N	N	D	R	L	E	H
E	N	L	L	U	E	C	E	T	A	C	E	S	C	I
P	O	H	I	Q	A	N	G	N	H	O	P	E	M	M
O	E	E	E	R	N	T	G	P	P	A	I	R	R	P
L	L	R	L	O	O	U	A	A	E	M	N	O	A	A
I	O	G	I	R	I	G	R	N	L	A	D	V	A	N
T	P	I	N	L	T	D	Q	U	E	N	I	L	N	Z
N	A	T	L	S	O	R	E	C	O	N	I	H	R	E
A	N	E	E	N	S	U	T	C	A	C	O	U	S	P
D	E	N	D	R	O	L	A	G	U	E	R	E	N	N
Y	B	A	L	L	A	W	E	P	B	O	N	O	B	O
A	R	L	A	E	S	T	U	R	G	E	O	N	G	O
E	L	A	Y	O	R	E	U	R	G	R	G	E	R	E
T	H	O	N	R	O	U	G	E	J	A	G	U	A	R

Solution : voir p. 322

Étape 2

Voilà les 22 espèces dissimulées dans la grille, retrouvez celles que vous n'avez pas encore débusquées à l'étape 1.

ANGUILLE
ANTILOPE
BÉLUGA
BONOBO
CACTUS
CÉTACÉS
CHIMPANZÉ
CONDOR
DENDROLAGUE
ÉLÉPHANT
ESTURGEON
GORILLE
GRUE ROYALE
JAGUAR
LÉOPARD
NAPOLÉON
PIN (BLANC DE CORÉE)
RHINOCÉROS
RORQUAL
THONROUGE
TIGRE
WALLABY

Étape 3

Une fois toutes les espèces retrouvées, relevez les lettres restantes à partir de la première ligne, de gauche à droite, et reconstituez une citation fréquemment attribuée à Winston Churchill.

Solution : voir p. 322

Léopard.

Beluga.

Flamants roses, en Camargue. Ils se parent de leurs plus belles couleurs de juin à novembre au moment de leur mue.

Décembre

La fin de l'année approche, avec son incomparable diversité de préparatifs à travers le monde… sous le soleil de Sainte-Lucie (p. 301) pour les lointains voyageurs, sous les illuminations des *karavaki* grecs (p. 305), ou aux saveurs des treize desserts de Provence (p. 297) pour les sédentaires les plus gourmands… Et rien de plus magique qu'une escapade hivernale au mythique mont Saint-Michel (p. 308) pour clore l'année, ou un réveillon écossais, dans la plus pure tradition du Hogmanay local (p. 307) : belles fêtes de fin d'année à vous !

Éphéméride express

N'oublions pas à travers le monde :

- **Courant décembre.** Hannuka, fête juive.
- **2 décembre.** Journée internationale pour l'abolition de l'esclavage.
- **6 décembre.** Fêtes de Saint-Nicolas (France, Belgique, Suisse, Allemagne, Italie, Hongrie, Pays-Bas…).
- **Autour du 8 décembre.** Fêtes des Lumières, Lyon.
- **8 décembre.** Journée mondiale du climat.
- **10 décembre.** Journée des droits de l'homme.
- **13 décembre.** Fêtes de Sainte-Lucie en Suède.
- **25 décembre.** Noël.
- **Fin décembre.** Festival international du Sahara, Douz, Tunisie.
- **31 décembre.** Réveillon du Nouvel An.

← Une aurore boréale dans les îles Lofoten en Norvège.

À VOUS DE JOUER
Quiz visuel

Où a été prise cette photo ?

A. En Cappadoce, Turquie
B. Dans les Pyrénées, France
C. À Angkor, Cambodge
D. Dans les Andes, Chili

RÉPONSES

B. Ces merveilles géologiques sont situées dans les Pyrénées-Orientales près de Perpignan. Les orgues d'Ille-sur-Têt ont été façonnées par des millions d'années d'érosion, donnant ces formes uniques à ces cheminées de fées, colonnes de sable et d'argile.

Le goût de GÉO

LE PANETTONE

Une brioche moelleuse comportant raisins secs, fruits confits et zestes d'agrumes : c'est le fameux gâteau traditionnel des Italiens de la Lombardie et du Piémont ainsi que des Suisses du Tessin, que l'on déguste tout particulièrement lors des fêtes de fin d'année. Selon la légende, son nom proviendrait d'une fête de Noël chez les Sforza au XVe siècle : le gâteau initialement prévu ayant littéralement carbonisé au four, le cuisinier aurait servi avec succès aux invités la simple brioche préparée par un jeune marmiton du nom de Toni... et ce *Pane di Toni* (le « pain de Toni ») serait devenu le fameux panettone. Des siècles plus tard, il est désormais exporté dans de nombreux pays, comme un dessert symbolique de Noël.

1001 ESPÈCES

LE VER SPIROGRAPHE
(Sabella spallanzanii)

On pourrait le confondre avec une anémone de mer... mais il s'agit pourtant bien d'un ver, dont le corps se situe dans un tube mou de mucus et de sable, mesurant jusqu'à 60 centimètres de long. Le somptueux panache de tentacules qu'il déploie lui permet à la fois de filtrer le plancton des eaux environnantes et de respirer. À la moindre vibration, l'élégant spirographe se rétracte entièrement dans une partie de son corps fixée au sol et s'y réfugie immédiatement, ultra-sensible à cette possible alerte. Visible sur de nombreux littoraux français, il est par exemple présent dans les eaux corses en Méditerranée, dans l'Atlantique, en Manche et en mer du Nord.

GRANDS voyageurs

Amerigo Vespucci (1454-1512)
L'Amérique lui doit son nom

Fasciné par le parcours de Christophe Colomb et ses découvertes de nouvelles terres en 1492, ce marchand florentin, né en 1454 et installé en Espagne, s'embarque à l'orée du XVIe siècle avec les cartes dessinées par son prédécesseur pour un voyage de reconnaissance. Pour le compte des Espagnols puis celui des Portugais, en 1501, alors qu'il longe la côte est de l'Amérique du Sud au niveau de l'actuel Brésil, il conçoit, en constatant l'étendue quasi infinie de ce territoire, qu'il ne s'agit pas là de l'Asie mais bien d'un « nouveau monde ». C'est ainsi la révélation que la Terre n'est pas constituée d'un seul continent associant Europe, Asie et Afrique, mais bien d'un autre, auquel il donnera son nom à jamais : l'Amérique.

C'est en réalité au géographe allemand Waldseemüller que l'on doit ce baptême. Il regrettera d'ailleurs son choix a posteriori –, mais trop tard –, en réalisant que le rôle d'Amerigo Vespucci avait été certes important, mais pas primordial ! Avec ses quatre caravelles, le navigateur parcourra environ 36 000 kilomètres avec son équipage, ce dont témoigneront des livres rapportant ses descriptions colorées et détaillées, diffusés en Europe dans les années qui suivront... et lui assureront une renommée rapide de cosmographe, cartographe et explorateur visionnaire. Amerigo Vespucci voit ensuite ses découvertes récompensées par le roi d'Espagne Ferdinand II, qui le charge de former les futurs commandants, en tant que *piloto mayor*, navigateur en chef de la Casa de Contratación – maison du commerce – de Séville, ou de superviser les reproductions cartographiques si précieuses à l'époque, jusqu'à son décès en 1512. Sa tombe se trouve désormais dans l'église Ognissanti... à Florence.

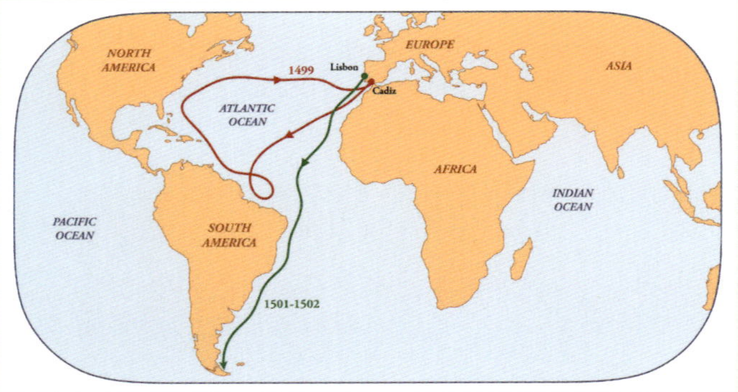

L'itinéraire de Vespucci pour la découverte du « Nouveau Monde ».

> « Chaque voyage est le rêve d'une nouvelle naissance. »

JEAN ROYER, homme politique

TRADITIONS DU MONDE

LES 13 DESSERTS DE PROVENCE

Les *calenos*, desserts traditionnels de Provence servis lors de la veillée de la fête de Noël, sont issus d'une tradition très ancienne et pratiquée localement avec ferveur depuis toujours. Déjà cités au XVIIe siècle, puis ravivés dans la mémoire collective par l'influence des félibres – poètes et écrivains en langue d'oc du XIXe siècle –, ils n'ont en revanche vu leur nombre fixé à « 13 », en référence aux treize convives de la Cène biblique, que depuis le XXe siècle.

Leur inventaire exhaustif fait souvent débat ou subit quelques variantes selon les habitudes familiales, commerciales ou locales, mais ils se composent généralement des incontournables mets suivants : quatre fruits secs dits mendiants, – dattes, pâte de coing, fruits confits – pompe à huile, aussi appelée gibassier ou fougasse à la fleur d'oranger, nougat blanc, noir, ou rouge, souvent des calissons d'Aix-en-Provence ou autres confiseries, orange, pommes ou poires, « et le dernier melon un peu ridé ».

Les quatre fruits secs représentent les ordres religieux ayant fait vœu de pauvreté. Leur couleur de coque, similaire à celle des robes de bure des religieux, leur a donné leur nom de « mendiants » : noix ou noisettes pour les Carmes, figues sèches pour les Franciscains, amandes pour les Dominicains et raisins secs pour les Augustins. Ils sont nommés les *pachichòis* d'Avignon à Marseille et, quel que soit finalement leur nombre exact, ils sont toujours un véritable régal, des plus jeunes aux aînés !

MERVEILLES du PATRIMOINE

RORBUER LES CABANES DE PÊCHEURS

(De *ror* : « rame » ou « ramer », et *bu*, « petite maison », en norvégien).

Principalement visibles sur les côtes du nord de la Norvège, là où la pêche constituait une activité essentielle mais saisonnière et nécessitait ces aménagements austères et temporaires, ces cabanes de bois très typiques ont été édifiées depuis le Xe siècle. Bâties sur pilotis, directement sur les rochers, elles sont en général peintes en rouge, avec des liserés blancs sur les côtés et autour des portes et fenêtres. Elles permettaient, avec leur accès direct à la mer, le déchargement des poissons... mais sont aujourd'hui principalement louées aux touristes, dans des conditions moins précaires que celles dont disposaient les pêcheurs, qui se retrouvaient jusqu'à 40 000 au plus fort de la saison.

Les *rorbuer* (leur nom au pluriel) bénéficient d'un cadre magnifique, en bord de mer, surtout sur les îles Lofoten où elles ont été réaménagées. Préférez-y un petit village plutôt que de séjourner dans l'une des deux villes principales, Leknes et Svolvær, pour profiter pleinement du charme, de la vue, et de l'authenticité préservée des lieux. Attention toutefois : avis aux amateurs d'expériences atypiques, car **l'hiver, la nuit polaire prédomine et au mois de décembre le soleil n'apparaît ainsi quasi jamais.**

EN PLEINE NATURE

LE TEABAG INDEX

Que mesure le Teabag Index, l'indice dit « du sachet de thé » ?

Il permet désormais de comparer la décomposition de la matière végétale dans les sols à travers la planète, grâce aux efforts de milliers de chercheurs et de citoyens impliqués dans un programme de science participative, sur teabagindex.org.

En enterrant de banals sachets de thé en nylon – un matériau dérivé du pétrole, à dégradation très très lente – à une certaine profondeur, puis en les déterrant quelque temps plus tard, afin de les peser, cette mesure permet d'évaluer la décomposition de la matière végétale dans les sols, principalement effectuée par les microbes, et de recenser ses grandes disparités selon les régions du globe.

À VOUS DE JOUER

Mini-jeu

Retrouvez les noms de ces pays d'Afrique en remettant dans l'ordre les lettres qui ont été classées par ordre alphabétique :

1 AAGHN ______

2 ABEIMZ ________

3 EEHIIOPT ______

4 EIINSTU _______

5 AAEINNTZ _____

RÉPONSES

1 GHANA 2 ZAMBIE 3 ÉTHIOPIE 4 TUNISIE 5 TANZANIE

FLASH MÉTÉO du monde

En décembre...

À Vientiane (Laos)
De 17 à 28 °C,
1 jour de pluie

À Oslo (Norvège)
De -4 à 1 °C,
4 jours de neige

À Saint-Pétersbourg (Russie)
de -6 à -1 °C,
16 jours de neige

> « J'ai l'esprit casanier et l'instinct voyageur. »
>
> VICTOR HUGO

BON VOYAGE

SAINTE-LUCIE
PARADIS DES CARAÏBES

Située sur le bord oriental de la mer des Caraïbes, Sainte-Lucie fait partie des îles du Vent. Elle tire son nom de Lucie de Syracuse, ainsi baptisée par des marchands espagnols du début du XVIe siècle lorsqu'ils y accostèrent, et elle représente aujourd'hui le seul État au monde à porter le nom d'une femme. Au fil de son histoire, l'île fut française à plusieurs reprises : en témoigne aujourd'hui notamment la langue créole de base lexicale française, le créole saint-lucien, que parlent la plupart de ses habitants – au moins les trois quarts d'entre eux, dans des proportions en constante augmentation –, même si l'anglais est la langue officielle du pays, y compris pour l'enseignement.

L'hiver reste le meilleur moment pour séjourner à Sainte-Lucie, découvrir sa capitale Castries et ses marchés locaux, mais aussi sa végétation luxuriante à travers des excursions toujours dépaysantes, ses pitons ou son volcan immergé : températures douces, vent marin léger et plages ensoleillées compléteront le caractère idyllique de votre voyage. Mention spéciale pour l'anse Chastanet, somptueuse, et le sud de l'île, où plongent les dauphins… un petit paradis sur Terre !

GRANDS voyageurs

Katia et Maurice Krafft
Inséparables explorateurs

Le Piton de la Fournaise.

Un couple de volcanologues unique et légendaire : Catherine Conrad, dite Katia Krafft (1942-1991) et son mari, Maurice Krafft (1946-1991) ont œuvré toute leur vie pour la découverte et la meilleure connaissance des volcans par le grand public. Mettant sans répit leur vie en danger vu les conditions extrêmes de pratique de leur activité, ils ont permis, par leur production cinématographique d'exception et par leurs missions de sensibilisation locale de sauver des milliers de vies à travers le monde comme en Colombie… et pour Katia Krafft, d'ouvrir les esprits sur le métier de volcanologue auprès des femmes.

Outre leurs films exceptionnels et leurs expéditions au cœur de l'activité volcanique – une partie de leur collection est à retrouver au Muséum d'histoire naturelle de Paris –, la création de la Maison du volcan sur l'île de la Réunion en 1991, sur un site voisin du piton de la Fournaise, et la réflexion du projet de parc scientifique Vulcania en Auvergne figurent parmi leurs plus belles réalisations avec cette même ambition : transmettre au plus grand nombre la connaissance des volcans. Explorateurs insatiables, toujours au plus près des éruptions, une coulée pyroclastique sur le mont Unzen, au Japon, le 3 juin 1991, aura raison de leur vie.

Le goût de GÉO

Le yuzu

Cultivé en France depuis peu – et entré au *Larousse* dans la foulée ! –, cet agrume très parfumé riche en vitamines A et C et originaire de Chine où il pousse aussi à l'état sauvage, est aujourd'hui particulièrement développé au Japon, notamment sur l'île de Shikoku. Il arrive à maturité à l'automne, et une tradition locale consiste à prendre un bain chaud pour le solstice d'hiver, le 22 décembre, dans lequel flottent les derniers yuzus de la saison qui exhalent leur doux parfum dans l'eau chaude… et préviendraient ensuite de tout rhume pour les mois à venir ! Il accompagne à merveille noix de Saint-Jacques ou tartares de poisson, et s'intègre parfaitement en version sucrée dans les cakes et les desserts acidulés : bon appétit !

Le lac du volcan Pinatubo.

1001 ESPÈCES

L'OPHIURE

(Ophiuroidea)

Telles des étoiles de mer dont elles sont parentes, ou d'oursins dont elles sont cousines, certaines ophiures déploient leurs cinq bras effilés et hérissés de piquants, pour mieux s'arrimer aux coraux rougeoyants qui peuvent les abriter. Il s'agit en réalité d'une immense classe animale de plus de 2 000 espèces, souvent méconnues. Photophobes, elles vivent généralement dissimulées pendant la journée, dans des fonds marins vaseux ou sableux, sous les roches, dans du sédiment ou dans les anfractuosités.

Elles disposent d'incroyables capacités régénératrices : elles peuvent perdre un ou plusieurs bras sans danger pour leur survie, puisqu'elles le reconstituent en quelques semaines préférant l'abandonner à leur agresseur que risquer de se faire intégralement engloutir ! Ces étoiles ondulent avec grâce et vitesse dans les eaux de la bande tropicale de l'océan Atlantique, du golfe du Mexique à la Méditerranée, sur le littoral français – dans la réserve naturelle de la baie de Saint-Brieuc, notamment – et dans certaines régions du nord de l'Europe. Et curiosité scientifique bien atypique : la variété *ophiocoma wendtii* peut voir... sans rétine, sans cristallin, sans iris. En quelques sortes, voir sans le moindre œil. Grâce à des cellules de perception des couleurs qui recouvrent ses bras. De quoi intéresser la recherche scientifique au plus haut point...

KARAVAKI, UN NOËL TOUT EN LUMIÈRES

TRADITIONS DU MONDE

À l'approche de Noël, tous les pays n'ont pas coutume de dresser un sapin : en Grèce, et sur certaines îles en particulier, subsiste une tradition séculaire où des bateaux à voiles illuminés, les *karavaki*, trônent sur les places publiques, à la place du traditionnel arbre de Noël. Dans les foyers également, les familles fabriquent des bateaux de papier et de bois, qui leur servent aussi de lanternes dans la nuit… et leur permettent de recueillir friandises et petits présents récoltés auprès des habitants voisins. L'occasion la veille de Noël de chanter dans la rue des *kalanta*, chants traditionnels, accompagnés parfois de bouzoukis, les guitares grecques, accordéons, triangles et autres harmonicas. Si, à l'origine, les familles de marins exprimaient ainsi leur gratitude pour le retour de pêche en toute sécurité des hommes de la maison, cette tradition se perpétue aujourd'hui dans certaines régions pendant toute la période de l'avent.

HOMMES & FEMMES du MONDE

OÙ VIVENT-ILS ?

Saurez-vous relier ces peuples à leur région d'origine ? Des images avec des symboles de leur culture peuvent peut-être vous aider.

A. Maoris

B. Inuit

C. Maasaï

D. Samis

E. Navajos

F. Quechuas

1. Groenland ___________
2. Laponie (Norvège, la Suède, la Finlande et la Russie) ___________
3. Andes ___________
4. Afrique de l'Est ___________
5. Nouvelle-Zélande ___________
6. Sud-ouest des États-Unis (Arizona, Nouveau-Mexique, Utah…) ___________

RÉPONSES : A5 - B1 - C4 - D2 - E6 - F3

> « La mer est sans route, la mer est sans explication. »

ALESSANDRO BARRICO, écrivain et musicologue

BON VOYAGE

HOGMANAY À EDIMBOURG
UNE FÊTE À COUPER LE SOUFFLE

Connaissez-vous le Hogmanay ? Il s'agit du dernier jour de l'année en Écosse, début d'une incroyable fête qui dure toute la nuit jusqu'au matin du 1er janvier, voire souvent du 2 janvier – qui est aussi un jour férié. À Édimbourg en particulier, feux d'artifice, concert en plein air, cornemuse sur les remparts du château rivalisent pour annoncer l'année nouvelle. Si le spectacle le plus grandiose se tient sur Princes Street dans la capitale, c'est bel et bien toute l'Écosse qui célèbre chaque année cet événement, par des défilés uniques en leur genre, avec force torches, musique et processions dotées de leurs spécificités locales. Une tradition qui remonterait aux fêtes vikings du solstice d'hiver, pour chasser les esprits mauvais, et se traduit aujourd'hui par ces fêtes immenses et quelques coutumes toujours bien ancrées. Parmi elles, le *first-footing*, juste après minuit, selon laquelle la première personne à franchir le pas de votre porte augurera du reste de votre année. Munie de préférence d'un petit présent, elle est bien évidemment acceptée au minimum toute la journée qui suit, et reçoit en retour quelques boissons ou bouchées festives de la part de ses hôtes, pour donner un esprit bienveillant et bénéfique aux mois à venir. À noter : pour votre séjour, veillez à réserver bien à l'avance, car ces fêtes sont très prisées.

MERVEILLES du PATRIMOINE

POUR CLORE L'ANNÉE UNE VISITE AU MONT-SAINT-MICHEL

En toute fin d'année, il règne une atmosphère toute particulière au cœur de cette merveille du patrimoine français. Les lumières hivernales sur la baie qui l'entourent ou la découverte de son abbaye bénédictine de style gothique fondée au VIIIe siècle, après avoir déambulé dans ses ruelles à flanc de rocher toutes parées pour les fêtes, prennent une saveur atypique. Des randonnées et traversées de la baie par des passeurs agréés sont spécialement organisées pour découvrir l'écosystème de ce site magnifique, classé au patrimoine de l'Unesco depuis 1979. Une escapade unique, pour clore l'année dans un haut lieu du patrimoine naturel et architectural.

• MOTS D'AILLEURS •

Culaccino
(italien)

Initialement le *culaccino* est le bout d'un salami ou d'une miche de pain. Mais il désigne aussi le résidu d'une boisson au fond d'une bouteille… et surtout cette désagréable trace que peut laisser un verre, une chope de bière, une coupe de champagne ou tout récipient plus ou moins humide sur la surface où il a été posé, lorsqu'on ne dispose pas de sous-verre pour l'éviter : un mot unique et susceptible d'être employé à plus d'une reprise en période de fêtes !

À VOUS DE JOUER

Jeu des 7 capitales

De quel pays les villes suivantes sont-elles la capitale ?

❶ Ottawa
A. Guinée
B. Canada
C. Irlande

❷ Téhéran
A. Iran
B. Afghanistan
C. Irak

❸ Ankara
A. Nigeria
B. Turquie
C. Ghana

❹ Bogota
A. Sierra Leone
B. Colombie
C. Slovénie

❺ Windhoek
A. Haïti
B. Namibie
C. Pays-Bas

❻ Podgorica
A. Gambie
B. Monténégro
C. Slovaquie

❼ Belmopan
A. Niger
B. Bélize
C. Viêt Nam

RÉPONSES
❶B. ❷A. ❸B. ❹B.
❺B. ❻B. ❼B.

Pause lecture

Coucher de soleil sur le fleuve Sacramento, en Californie.

L'aventure et la nature sauvage sont les thèmes de prédilection du grand écrivain américain Jack London. Dans cette nouvelle publiée aux États-Unis pour la première fois en 1904 et traduite en France par Louis Positif, il nous plonge dans le quotidien d'un jeune Californien de la fin du XIXe iècle, aux bords du fleuve Sacramento…

Les Bords du Sacramento

JACK LONDON, 1904

Soufflez, ô vents, soufflez, aï, ho !
Vers la Californie, ho !
Car il y a de l'or à boisseaux
Sur les bords du Sacramento.

Ce n'était qu'un petit garçon ; il entonnait d'une voix suraiguë la chanson dont s'accompagnent tous les matelots du monde en virant au cabestan quand ils lèvent l'ancre pour le port de « Frisco ».

Ce n'était qu'un petit garçon : il n'avait jamais vu la mer, mais à soixante-cinq mètres au-dessous de lui roulait le Sacramento. On l'appelait le « petit » Jerry pour le distinguer de son père, le « vieux » Jerry, qui lui avait appris la chanson et dont il avait hérité la tignasse rousse, les yeux bleus et la peau claire couverte de taches de rousseur.

Le vieux Jerry, ancien marin, avait bourlingué sur mer durant toute sa jeunesse, toujours hanté par les paroles du fameux refrain. Puis un beau jour il l'avait chanté avec entrain dans un port d'Asie en s'arc-boutant avec vingt camarades autour de la couronne d'un cabestan.

Arrivé à San Francisco, il avait tourné le dos à son bateau et à la mer et s'en était allé voir de ses propres yeux les bords du Sacramento.

→

Il vit aussi l'or, car il trouva à s'employer dans la mine « Rêve d'or » et montra une extrême adresse à manœuvrer les câbles du transbordeur qui portait le minerai d'une rive à l'autre du fleuve, à soixante-cinq mètres au-dessus de la surface des eaux.

On lui confia la manœuvre et l'entretien des câbles : cette tâche lui plaisait et lui-même devint bientôt un rouage indispensable de la mine.

Puis il avait aimé la jolie Margaret Kelly : mais elle l'avait quitté pour aller dormir son ultime sommeil dans le petit cimetière, sous les grands pins immobiles, alors que le jeune Jerry trottinait à peine.

Le vieux Jerry ne reprit jamais la mer. Il resta auprès de ses machines, prodiguant à ses câbles et au petit Jerry toute l'affection dont il était capable. Quand les mauvais jours se levèrent pour le « Rêve d'or », il demeura au service de la compagnie comme gardien des installations, pour ainsi dire abandonnées.

Mais ce matin-là, il était invisible. On n'apercevait que le petit Jerry, assis sur le seuil de la cabane et fredonnant le vieux refrain. [...]

Vers une heure, on frappa à la porte et il alla ouvrir : un homme et une femme entrèrent en trébuchant, poussés par une violente rafale. Il reconnut M. et Mme Spillane, propriétaires d'un ranch situé dans une vallée solitaire à une quinzaine de kilomètres du fleuve.

— Où est Hall ? interrogea aussitôt Spillane d'un ton sec et rapide.

Jerry remarqua sa nervosité et la brusquerie de ses gestes ; de son côté, Mme Spillane semblait en proie à une vive inquiétude. C'était une femme maigre, usée par le travail ; les tristesses de l'existence et le labeur incessant avaient durement buriné ses traits et voûté les épaules de son mari.

— Hall est allé chasser à la Vache boiteuse, répondit Jerry. Vous auriez voulu passer ?

La femme se mit à sangloter, tandis que Spillane proférait une exclamation de contrariété et se précipitait vers la fenêtre. Jerry l'y suivit et tous deux essayaient de voir les câbles à peine distincts sous l'averse.

Les gens qui vivaient à l'intérieur de la forêt avaient coutume de traverser le Sacramento au moyen des câbles du Dragon doré. Ils payaient, en échange de ce service, un léger péage que l'administration du Dragon employait à parfaire les appointements de Hall.

— Il faut absolument que nous passions, Jerry, déclara Spillane, et, de son pouce, par-dessus son épaule, désignant sa femme, il expliqua : son père vient d'être blessé à la « Feuille de Trèfle » dans une explosion. On ne croit pas qu'il s'en tire. Nous venons de l'apprendre à l'instant.

Jerry hésitait, Spillane voulait passer sur le câble du Rêve d'or, et, en l'absence de son père, le gamin n'osait prendre sur lui une telle responsabilité, car on n'avait jamais utilisé ce câble-là pour transborder des passagers : en fait, on ne s'en était même pas servi depuis fort longtemps.

— Hall ne tardera peut-être pas à revenir, dit-il.

Spillane hocha la tête et demanda :

— Où est ton père ?

— À San Francisco.

Spillane poussa un soupir et frappa violemment du poing la paume de son autre main. Sa femme sanglota de plus belle et Jerry l'entendit murmurer :

— Et dire que papa se meurt, se meurt !

Les yeux de l'enfant se remplirent de larmes : il restait là, indécis, ne sachant quel parti prendre. Mais l'homme décida pour lui.

— Écoute, petit, dit-il d'une voix ferme. Ma femme et moi allons passer sur ton câble. Veux-tu le faire manœuvrer ?

Inconsciemment, Jerry esquissa un mouvement de recul. Son instinct se révoltait devant cette proposition scabreuse.

— Il vaudrait mieux voir si Hall est de retour, avança-t-il.

— Et si nous ne le trouvons point ?

Jerry hésitait encore.

— Je prends sur moi toute la responsabilité, ajouta Spillane. Il faut que nous traversions à tout prix.

Jerry hochait la tête.

→

— Inutile d'attendre Hall, poursuivit Spillane. Tu sais comme moi qu'il ne saurait être de retour à cette heure ! Alors, décide-toi et allons-y !

Rien de surprenant que Mme Spillane parût terrifiée, quand ils l'aidèrent à s'installer dans la benne à minerai. Au-dessous d'elle béait un gouffre insondable. La pluie et la brume agitées et brassées par de violentes bourrasques couvraient le fleuve au point que l'autre rive, à deux cent vingt mètres de distance, demeurait invisible : à leurs pieds la falaise tombait à pic pour se perdre dans les tourbillons de vapeur d'eau.

— Vous y êtes ? demanda Jerry.

— Vas-y ! hurla Spillane, pour dominer de la voix le tumulte de l'ouragan.

Monté près de sa femme, il la tenait par la main ; Jerry remarqua cette attitude et la désapprouva.

— De la manière dont chasse le vent, vous n'aurez pas trop de vos deux mains pour vous cramponner ! cria-t-il.

L'homme et la femme se lâchèrent la main d'un même mouvement et empoignèrent les côtés de la benne. Lentement et avec précaution, Jerry commença de desserrer le frein. Le tambour s'ébranla sous le passage du câble et la benne s'enfonça doucement dans le vide, ses galets de suspension se déplaçant sur le guide fixe supérieur qui la supportait.

Jerry avait déjà manœuvré le câble auparavant mais, pour la première fois, il s'y risquait hors de la surveillance paternelle. À l'aide du frein, il réglait la vitesse de la benne ; précaution indispensable car, par instants, entraînée par des rafales plus puissantes, elle oscillait violemment en avant et en arrière, même au moment précis où elle s'engouffrait dans un rideau de pluie, elle parut sur le point de se vider de ses occupants.

Ensuite, Jerry ne possédait plus aucun moyen de savoir où elle se trouvait, sauf en se repérant sur le câble. Il la regardait avec attention glisser sur le tambour.

— Cent mètres... murmura-t-il en suivant du regard la flèche indicatrice, puis cent quinze, cent trente, cent trente-deux...

Le câble venait de s'arrêter net. Jerry relâcha le frein, empoigna le câble et le hala de toutes ses forces, sans plus de résultat. Quelque chose venait de se dérégler. Quoi ? Hors de toute visibilité, il ne pouvait le deviner. Cependant, il distinguait vaguement la benne vide venue de la falaise opposée. Elle se trouvait à quatre-vingts mètres environ. Cela signifiait, il ne l'ignorait pas, que là-bas, dans la demi-obscurité, à soixante-cinq mètres au-dessus de l'eau et à quatre-vingts mètres de l'autre rive, Spillane et sa femme, suspendus, demeuraient bloqués.

À trois reprises, Jerry appela de toute la force de sa voix aiguë, mais, au sein de la tourmente, aucune réponse ne lui parvint. Impossible de se faire entendre. Il attendit un instant, les pensées se pressant dans sa tête : alors les nuages semblèrent s'éclaircir et se dissoudre et il aperçut, durant quelques secondes, le cours tumultueux du Sacramento et la benne avec l'homme et la femme. Puis la brume redescendit, plus opaque que jamais. [...]

Il prit aussitôt une décision. Jerry n'avait que quatorze ans, il était maigre et nerveux, mais toute sa vie s'était passée dans les montagnes et il ne craignait pas le vertige.

Dans la boîte à outils, auprès du tambour, il trouva une vieille clé à molette, une courte barre de fer et un rouleau de corde de Manille presque neuve. Mais il chercha en vain un bout de planche pour faire une « chaise de mâture ».

Il ne disposait que de madriers, sans rien pour les scier.

Il établit donc un siège des plus sommaires en fixant simplement une large boucle de la corde autour du câble de suspension de la benne vide. Assis dans la boucle, ses mains pouvaient le tirer le long du câble d'acier ; au point où la corde risquait de se couper, il attacha son paletot, pour remplacer le vieux sac qu'il ne possédait point. [...]

— Je voudrais bien pouvoir t'aider ! lui cria Spillane quand il repartit, mais la femme est à bout de forces ! En tout cas, petit, fais attention à toi ! C'est moi qui me suis fourré dans le pétrin... à toi de m'en tirer !

— J'y réussirai ! fit Jerry. Dites à Mme Spillane qu'elle sera bientôt à terre.

Dans la pluie battante qui l'aveuglait à demi et le balançait de-ci, de-là, comme un capricieux pendule, hors d'haleine, les mains déchirées et cuisantes, le souffle haletant, il finit par atteindre la benne vide. [...]

→

Au bout d'une demi-heure, il était arrivé à ébranler la goupille, mais ne pouvait la sortir ; à une dizaine de reprises, désespéré, il fut sur le point d'abandonner la partie. Tout à coup une idée lui vint. Fouillant ses poches avec une hâte fébrile, il y trouva ce qu'il désirait : un clou de charpentier.

À défaut de ce clou, fourré dans sa poche, il ne savait plus trop ni quand ni pourquoi, il aurait dû faire sur le câble un autre voyage aller et retour. Enfin, il passa son clou dans l'œil de la goupille, obtenant ainsi une prise solide, et l'arracha sans difficulté.

Ensuite, il frappa avec la barre de fer pour libérer la roue. En fin de compte, il parvint à la remettre en place et, au moyen de la corde, souleva la benne jusqu'à ce que le trolley reposât normalement sur le câble.

Tout cela avait demandé du temps : plus d'une heure et demie s'était écoulée. Alors, seulement, il lui fut possible de quitter son siège et de descendre dans la benne. Il dénoua sa corde et le trolley commença lentement à se déplacer : la benne avança et il songea que là-bas, hors de portée de ses yeux, la benne de Spillane avançait d'autant dans la direction opposée. [...]

Il ne manquait pas de raisons pour pleurer ; la torture de ses mains écorchées et son extrême fatigue, son soulagement et sa détente nerveuse, mais surtout la satisfaction d'avoir sauvé du danger l'homme et la femme.

Ils ne pouvaient le remercier ; par-delà l'abîme grondant, balayé par l'orage, ils se hâtaient sur le sentier de la Feuille de Trèfle.

Jerry se dirigea d'un pas incertain à la cabane et sa main laissa sur le bouton blanc de la porte une empreinte sanglante, mais il ne s'en aperçut même pas.

Il débordait d'orgueil et de contentement, car il était certain d'avoir bien agi et il était suffisamment sincère avec lui-même pour en convenir.

Seulement, une ombre de regret passait et repassait dans ses pensées : si au moins son père avait pu le voir !

Le fleuve Sacramento vu depuis le sentier du Sacramento River Trail.

Le parc national de Riisitunturi, au sud-est de la Laponie en Finlande, a été cré en 1982.

Solutions des jeux

Trolltunga, Norvège.

MOTS MÊLÉS ET MOTS CROISÉS

PAGE 35

L'UNION EUROPÉENNE

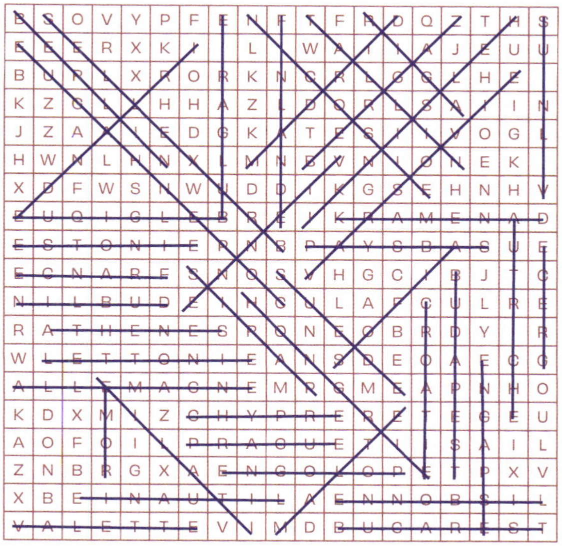

PAGE 81

BEAUTÉS NATURELLES EN FRANCE

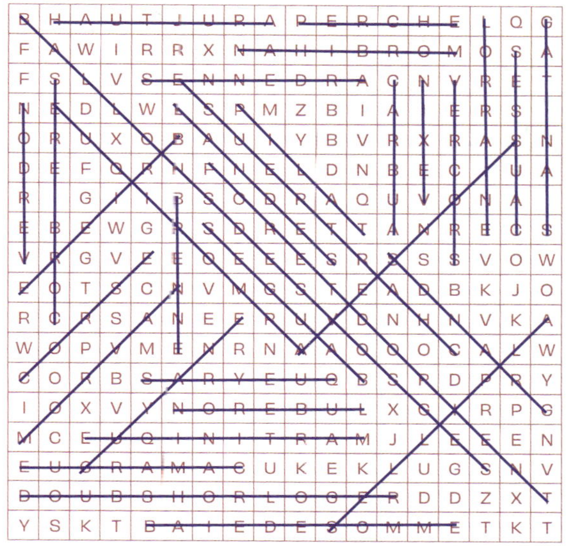

PAGE 58

DES INVITATIONS AU VOYAGE

Étape 1

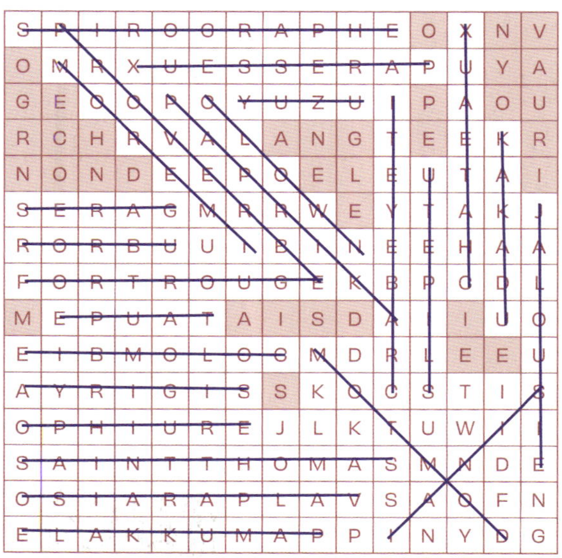

Étape 2

« On voyage pour changer non de lieu mais d'idées. » Hippolyte Taine.

PAGE 104

LES GRANDS EXPLORATEURS DU XVIE AU XVIIIE SIÈCLE

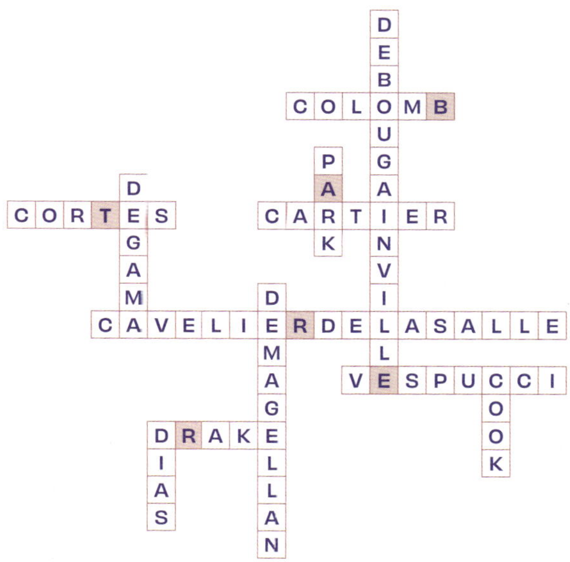

L'exploratrice est : JEANNE BARRET.

PAGE 157
EN ROUTE POUR LES VACANCES

I	A	A	L	V	P	Q	R	D	S	E	Q	S	K	L	O
M	I	U	I	T	M	A	J	E	F	I	D	H	I	Z	R
A	G	T	S	Y	V	A	C	F	M	T	L	I	W	E	A
R	O	O	U	E	D	T	U	A	K	F	Y	B	I	P	S
U	U	T	Y	O	P	R	N	D	S	R	N	A	C	E	J
O	A	O	A	E	T	B	I	C	L	K	X	M	D	S	S
G	L	R	J	T	S	K	P	W	S	X	A	A	S	D	I
D	N	A	L	T	E	H	S	A	S	T	M	Y	A	W	O
S	U	O	M	U	O	H	C	Z	E	L	O	M	A	N	N
O	U	I	S	T	I	T	I	I	O	E	B	N	O	D	N
T	S	U	N	D	O	K	U	D	N	U	S	N	E	C	I
A	Y	E	R	S	R	O	O	K	L	C	N	I	A	W	F
B	O	K	I	A	T	K	K	L	C	A	K	R	L	U	D
M	D	O	C	O	N	S	A	W	H	K	E	O	Z	O	D
O	W	M	N	S	Y	D	N	E	Y	S	M	A	H	C	C
W	H	A	T	S	H	E	P	S	O	U	T	W	B	R	D

PAGE 209
LES CAPITALES DU MONDE

T	A	S	M	A	R	A	A	A	O	A	L
U	A	G	A	R	Y	N	U	B	V	B	E
A	F	B	E	M	K	F	B	E	I	O	D
A	S	O	A	A	M	O	F	B	R	U	A
V	L	T	R	G	Q	A	A	A	A	D	N
A	C	A	A	A	H	S	N	S	N	A	D
R	H	I	O	N	U	C	J	I	A	B	O
U	P	L	Y	N	A	A	A	D	N	I	R
A	R	O	O	A	B	P	B	D	A	L	R
X	F	I	U	U	J	R	F	A	T	G	E
F	O	J	J	W	A	T	H	E	N	E	S
N	L	A	A	L	O	F	I	U	A	L	Y

PAGE 287
DES ESPÈCES MENACÉES À PROTÉGER

Étape 2

E	M	B	E	L	U	G	A	I	T	E	U	X	V	C
A	L	U	T	A	P	R	E	N	N	D	R	L	E	H
E	N	L	L	U	E	C	E	T	A	C	E	S	C	I
P	O	H	I	Q	A	N	G	N	H	O	P	E	M	M
O	E	E	E	R	N	T	G	P	R	A	I	R	R	P
L	L	R	L	O	O	U	A	A	E	M	N	O	A	A
I	O	G	I	R	I	G	R	N	L	A	D	V	A	N
T	P	I	N	L	T	D	Q	U	E	N	I	L	N	Z
N	A	T	L	S	O	R	E	C	O	N	I	H	R	E
A	N	E	E	N	S	U	T	O	A	C	O	U	S	P
D	E	N	D	R	O	L	A	G	U	E	R	E	N	N
Y	B	A	L	L	A	W	E	P	B	O	N	O	B	O
A	R	L	A	E	S	T	U	R	G	E	O	N	G	O
E	L	A	Y	O	R	E	U	R	G	R	G	E	R	E
T	H	O	N	R	O	U	G	E	J	A	G	U	A	R

Étape 3

« Mieux vaut prendre le changement par la main avant qu'il ne nous prenne par la gorge. »
Winston Churchill.

CITATIONS MYSTÈRES

PAGE 57

DES INVITATIONS AU VOYAGE

1

		Q	U	'	E	S	T	-	C	E		E	N		G	É	N	É	R	A	L		Q	U	'	U	N		
V	O	Y	A	G	E	U	R		?		C	'	E	S	T		U	N		H	O	M	M	E		Q	U	I	
	S	'	E	N		V	A		C	H	E	R	C	H	E	R		U	N		B	O	U	T		D	E		
C	O	N	V	E	R	S	A	T	I	O	N		A	U		B	O	U	T		D	U		M	O	N	D	E	.

« Qu'est-ce en général qu'un voyageur ? C'est un homme qui s'en va chercher un bout de conversation au bout du monde. »
Jules Barbey d'Aurevilly.

2

A	B	C	D	E	F	G	H	I	J	K	L	M	N	O	P	Q	R	S	T	U	V	W	X	Y	Z
24	1	22	25	5	3	14	2	19	4	16	18	20	26	12	15	6	11	21	20	17	8	9	23	13	7

V	O	Y	A	G	E	R		C	'	E	S	T		V	O	I	R		L	E
8	12	13	24	14	5	11		22		5	21	20		8	12	19	11		18	5
M	O	N	D	E		T	E	L		Q	U	'	I	L		E	S	T		
10	12	26	25	5		20	5	18		6	17		19	18		5	21	20		
E	T		N	O	N		P	A	S		C	O	M	M	E		O	N		
5	20		26	12	26		15	24	21		22	12	10	10	5		12	26		
V	O	U	D	R	A	I	T		Q	U	'	I	L		S	O	I	T		
8	12	17	25	11	24	19	20		6	17		19	18		21	12	19	20		

« Voyager, c'est voir le monde tel qu'il est et non pas comme on voudrait qu'il soit. » Damien Personnaz.

PAGE 186

PAYSAGES INCROYABLES !

D	A	N	S		T	O	U	T	E		P	R	O	M	E	N	A	D	E		A	V	E	C		L	A	
	N	A	T	U	R	E	,		O	N		R	E	Ç	O	I	T		B	E	A	U	C	O	U	P		
P	L	U	S		Q	U	E		C	E		Q	U	E		L	'	O	N		C	H	E	R	C	H	E	.

« Dans toute promenade avec la nature, on reçoit beaucoup plus que ce que l'on cherche. » John Muir, *Voyage en Alaska*.

PAGE 233

LES PORTS DU MONDE

H A L I F A X
1

V A L P A R A I S O
26 31 18 9 8 11 20 16

H A M B O U R G
2 22 4 10 29 17

P A N A M A
15 23 21 5

N E W Y O R K
30 19 3

Z A N Z I B A R
7 27 24

L ' H O M M E   N ' A   P O I N T   D E   P O R T   ,
1 2 3 4 5 6   7 8   9 10 11 12   13 14   15 16 17

L E   T E M P S   N ' A   P A S   D E   R I V E   ;
18 19   14 4 9 20   21 22   15 23 20   13 19   24 25 26 6

I L   C O U L E   E T   N O U S   P A S S O N S   !
27 28   10 29 1 19   6   30 10 29 20   15 31 20 20 10 30 20

« L'homme n'a point de port, le temps n'a pas de rive ; il coule et nous passons. » Alphonse de Lamartine.

OÙ EST-CE ?

PAGE 185

PAYSAGES INCROYABLES !

❶ C. **Tranchades de Laquairie.** Pas de temple aztèque à proximité, ces coulées volcaniques vieilles de plusieurs millions d'années constituent un incroyable labyrinthe dans les monts du Cantal.
❷ B. **Cascade du Ray-Pic.** Sur une soixantaine de mètres, cette cascade déverse en Ardèche cévenole ses eaux comme sur une île du bout du monde.
❸ B. **Faux de Verzy.** Les hêtres tortillards de la forêt des Faux de Verzy demeurent une énigme scientifique à plus d'un titre, par leurs arabesques tarabiscotées et leurs contorsions noueuses et anarchiques, sculptures végétales naturelles riches de légendes séculaires.

RELIEZ-LES

PAGE 103

LES GRANDS EXPLORATEURS DU XVIE AU XVIIIE SIÈCLE

1-I. 2-C. 3-A. 4-L. 5-F. 6-K. 7-B. 8-E. 9-G. 10-H. 11-J. 12-D.

PAGE 210

LES CAPITALES DU MONDE

A-7. B-12. C-11. D-16. E-6. F-5. G-2. H-10. I-9. J-8. K-1. L-3. M-15. N-17. O-13. P-4. Q-14.

LABYRINTHE GÉANT

PAGE 158

EN ROUTE POUR LES VACANCES

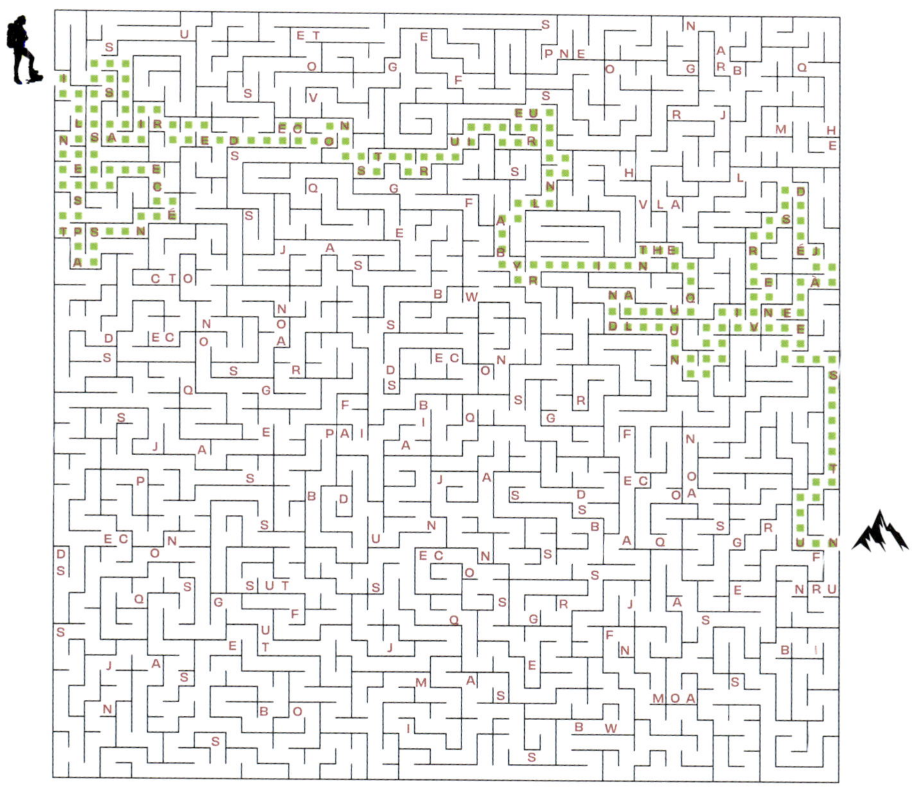

« Il n'est pas nécessaire de construire un labyrinthe quand l'univers en est déjà un. » Jorge Luis Borges.

LES SEPT DIFFÉRENCES

PAGE 156

EN ROUTE POUR LES VACANCES

PAGE 187

PAYSAGES INCROYABLES !

PAGE 234

LES PORTS DU MONDE

Château de Koriyama, Nara, Japon.

Index

Les numéros de pages **en gras** renvoient aux photos.

1001 ESPÈCES

Anémone de mer ... 253, **253**
Capybara ... 271, **271**
Comoran pie ... 198, **198**
Crabe yéti ... 226, **226**
Dik-dik ... 71, **71**
Fourmi panda ... 32
Gourami embrasseur ... 89, **89**
Kakapo ... 278, **278**
Kiwi ... 170, **170**
Lynx boréal ... 25, **25**
Oiseau migrateur ... 121, **121**
Ophiure ... 304, **304**
Ouistiti ... 96, **96**
Paca ... 117, **117**
Papillon citron ... 216, 216
Paresseux ... 203, **203**
Perroquet-hibou, voir Kakapo
Pieuvre Dumbo ... 66, **66**
Poisson Clown ... 253, **253**
Poisson-ballon, voir poisson-globe
Poisson-globe ... 101, **101**
Taupe dorée ... 247, **247**
Ver de terre ... 152, **152**
Ver spirographe ... 295, **295**
Wombat ... 50, **50**

À VOUS DE JOUER

Citations à compléter ... 89, 125
Jeu des 7 capitales ... 29, 47, 155, 195
  Accra ... **281**
  Ankara ... **309**
  Belmopan ... **309**
  Berne ... **195**
  Beyrouth ... **47**
  Bogota ... **309**
  Budapest ... **281**
  Bucarest ... **47**
  Damas ... **281**
  Douchanbe ... **231**
  Gaborone ... **195**
  Maseru ... **29**
  Madrid ... **29**
  Minsk ... **155**
  Hanoï ... **29**
  Harare ... **47**
  Jakarta ... **281**
  Katmandou ... **281**
  La Havane ... **47**
  Lima ... **231**
  Ljubljana ... **231**
  Lusaka ... **47**
  Managua ... **281**
  Maputo ... **195**
  Naypyidaw ... **155**
  Nouakchott ... **195**
  Ottawa ... **309**
  Oulan-Bator ... **155**
  Paramaribo ... **195**
  Podgorica ... **309**
  Port-Vila ... **231**
  Riga ... **47**
  Sanaa ... **29**
  San José ... **29**
  Santiago ... **231**
  Sarajevo ... **195**
  Séoul ... **29**
  Sofia ... **231**

Stockholm **155**
Sucre **155**
Tachkent **231**
Tegucigalpa **281**
Téhéran **309**
Thimphou **155**
Vientiane **29**
Vilnius **155**
Wellington **195**
Windhoek **309**
Zagreb **47**
La citation mystère 15, 90, 180, 270
Mini-jeu 55, 203, 300
Mini-jeu visuel 171
Trouvez l'intrus 71, 117, 247
Vrai ou faux 25, 33, 101, 120, 173, 207, 223, 252
Amazonie **120**
Andes, cordillère des **207**
Dromadaire **101**
Elbrouz **207**
Everest **33**
Grande Barrière de corail **120**
Grande Muraille de Chine **33**
Kilimandjaro **207**
Lièvre **101**
Marmotte **101**
Nil **33**
Panama, canal de **207**
Sahara **120**
Serpent **101**
Quiz visuel 196, 256, 294
Glénan **196-197**
Ille-sur-Têt **294**
Rustrel **256**

BON VOYAGE

Aconcagua 64, **65**
Afrique du Sud 98, 241
Antigua 178, **178**, **179**
Argentine 64
Asahi, mont 220
Australie 18
Bazaruto, parc national 164, **165**
Bloomsday 148
California Zephyr 182
Camino Frances 255, **255**
Caraïbes 48, 178, 301
Castries 301
Colorado **182**
Crète 249
Daisetsuzn, parc national de **220**, 221
Dambulla, grottes 40, **40**, **41**
Dublin 148, **148**, 149, **149**
Écosse 26, 307
Edimbourg 307, **307**
Etosha, parc national 118, **118**, **119**
Fès 244, **245**
Golden Gate **183**
Gombe Sream **94**, 95, **95**
Grèce 114
Grenade 48, **48**
Hogmnay 307, **307**
Hokkaido 221
Îles vierges 273
Irlande 148
Kungsleden **174**, 175, **175**
Kwazulu-Natal 98, **98**
Laponie 175
Lesotho 241
Lycaon 228, **228**
Malealea 241, **241**
Maroc 244
May Morning 112
Météores 114, **115**
Mirissa 72, **72**
Mongolie 168
Moreni, réserve de 228
Mozambique 164
Munkholmen 128, **128**
Naadam 168
Namibie 118
Norvège 128
Nuwarz Eliya 87
Okavango, delta de l' 228
Oloron-Sainte-Marie 255

Oulan-Bator 168, **168**, **169**
Oxford 112
Pic d'Adam **86**, 87
Ras Mohammed, parc national................ 279
Ribaneng, chutes de 241
Roncevaux, col de.................................. 255
Royaume-Uni 112
Saint-Jacques-de-Compostelle 255
Saint-Jean-Pied-de-Port 255
Saint-Thomas.. 273
Saint-Vincent, plage 140
Sainte-Lucie.................................... 301, **301**
Samaria, gorges de **248**, 249, **249**
San Francisco **183**
Sapphire, plage de **272**, 273
Shetland, îles 26, **27**
Sinaï, péninsule du.......................... 279, **279**
Somport, col de...................................... 255
Sri Lanka....................................... 40, 72, 87
Suède.. 175
Sydney 18, **18**
Tanzanie... 95
Terre-Neuve.............................. 140, **140**, **141**
Thessalonique 114, **114**
Tjäktja, lac **175**
Tokachi-dake... 221
Trondheim, fjord 128
Up Helly Aa.. 26, **26**
Vakkotavare **174**

CULTURE

Chine.. 22
Éco-anxiété.. 170
Gentilé 50, 73, 90, 144
Bourg-la-Reine...................................... 144
  Charleville-Mézières 90
  Longcochon 73
  Périgueux.. 90
  Saint-Antoine de Padoue...................... 144
  Villedieu-les-Poêles 73
Glottophobie 251
Harbin... 22
Los Roques, parc national de 79, **79**
Marseille 44
  Fort Saint-Jean **44**
  Mucem **44**
Monchû 170
Pétaouchnok.................................... 150, 240
Poké... 251
Rome 284
Sculpture sur glace, festival................ **22**, **23**
Sixtine, chapelle 284, **284**
Tataouine.. 150
Venezuela... 79

EN PLEINE NATURE

Australie 259
Cèdre **97**
Cerisier **97**
Chêne **97**
Cyprès du Mexique.......................... 246, **247**
Djibouti 76
Eyjafjallajökull 52, **53**
Génévrier 152, **152**
Ghoubbet, baie du 76, **77**
Ginko Bilboa 70, **70**
Giverny 181
Iris 131
Iris, Les **181**
Islande 52, 274
Jim Jim Falls 259
Kakadu, parc national........................ **258**, 259
Khamsin 129
Mexique 247
Niue 177, 177
Nouvelle-Zélande 99
Pamukkale...................................... 230, **230**
Reynisdrangar................................. 274, **275**
Rotorua 99, **99**
Saint-Crépin 152
Santa María del Tule 246
Teabag Index 300
Tilleul **97**

Tulipier **97**
Turquie 230

FLASH MÉTÉO

Bangkok 255
Berlin 217
Buenos-Aires 25
Bangkok 43
Cap 196
Cape Town 43
Caracas 181
Dakar 116
Katmandou 196
Lima 196
Londres 181
Marrakech 71
Mascate 255
Mexico 271
Moscou 25
Nairobi 181
New York 146
Oslo 300
Papeete 271
Pietermarizburg 90
Pise 146
Port-Louis 116
Prague 116
Reykjavik 146
Saint-Jacques-de-Compostelle 255
Saint-Pétersbourg 300
San Francisco 217
Rome 90
Séville 43
Sydney 25
Tokyo 71
Tunis 217
Ushuaïa 90
Vancouver 71
Vientiane 300

GRANDS VOYAGEURS

Barret, Jeanne 112
Bell, Gertrude 49, **49**
Bly, Nellie 251, **251**
Cap Bon **91**
David-Néel, Alexandra 219, **219**
Earhart, Amelia 143, **143**
Hannon 91
Hatshepsout 67, **67**
Hillary, Edmund 167, **167**
Krafft, Katia 302, **302**
Krafft, Maurice 302, **302**
Livingstone, David 19, **19**
Pinatubo, volcan **303**
Piton de la Fournaise **302**
Vespucci, Amerigo 296, **296**

HOMMES & FEMMES DU MONDE

Angola 207
Bajau 224, **224**, **225**
Bandiagara, falaise de 125
Bapende 207
Bornéo 16, 224
Cham 43
Coutelier 116, **116**
Coutellia, festival 116
Danang, musée de la Sculpture cham . 43, **43**
Dayak 16, **16**
Dogon 125, **125**
Finlande 280
Groenland 151
Igbo-Ora 252
Inuit **306**
Maasaï **306**
Mali 125
Maori **306**
Nagara 110
Navajo **306**
Norvège 280
Olojo, festival 252

Qaqorto 151, **151**
Quechua **306**
République démocratique du Congo 207
Russie 280
Sainte-Anne 180
Sainte-Anne d'Auray, statue 180
Sami 280, **280**, **306**
Suède 280
Thiers 116
Thorvaldsen 151
Ukai 110, **110**
Viêt Nam 43
Yoruba 252, **252**

LE GOÛT DE GÉO

Auberines à la parmigiana 193, **193**
Cappuccino gourmand carotte-citron 219
Dolmades 28, **28**
Granola 67, **67**
Houmous 78, **78**
Masala 42, **42**
Panettone 295, **295**
Paprika 278, **278**
Riz d'Oman 143, **143**
Salade de chou à la japonaise 19, **19**
Yuzu 303, **303**

MERVEILLES DU PATRIMOINE

Andes, cordillère des 227
Angkor 92, **92**
Australie 30
Ayers Rock 30, **31**
Bali 229
Beffroi 254, **254**
Bolivie 194
Boutre 54, **54**
Cambodge 92
Cévennes, parc national des 100
Château-Laffitte 126, **126**
Chili 282
Colisée 45, **45**
Corbières 124
Cuba 172
Djaba, forteresse de 24
Djado 24, **24**
Doué-en-Anjou 223
Espagne 74
Fallas, fête des 74, **74**, **75**
Fort rouge 202, **202**
Halifax (Canada) 235
Hambourg (Allemagne) 232
Khéops (Égypte) 236-237
La Havane 172, **172**, **173**
Lille, beffroi de **254**
Lofoten îles 298
Loire-Anjou, parc naturel régional 223
Machu Picchu 227, **227**
Maine-et-Loire 223
Malecón 172, **172**, 173, **173**
Mer rouge 54
Méroé, pyramide 46, **46**
Mont Aigoual, observatoire 100, **100**
Mont-Saint-Michel 308, **308**
Neuschwanstein, château (Allemagne) 238
New York 276
New-Delhi 202
Norvège 298
Nubie 46
Pérou 225
Perrières 223, **223**
Rome 45
Rorbu 298, **299**
Sainte-Marie de Fontfroide, abbaye 124, **124**
Shibam 68, 69
Sigiriya 204, **205**
Soudan 46
Sri Lanka 204
Sucre 194, **194**
Tanah Lot, temple de 229, **229**
Unesco 276
Valence 74
Valparaiso (Chili) 234, 282, **283**
Yémen 68

MOTS D'AILLEURS

Animaux, cris 42
Culaccino 308
Forelsket 129
Gargoulette 147
Gemütlichkeit 21
Hanyauku 271
Hyggelig 21
Hyppytyynytyydytys 28
Intrus 242
Irusu 271
Jayus 111
Jokamiehenoikeus 28
Kiuas 28
Löyly 28
Poronkusena 28
Prozvonit 78
Santé 117
Sisu 228
Sobremesa 64
Tous francophones 73
Tsundoku 96
Wo-mba 181
Zozobra 198

TERROIRS ET BALADES DE FRANCE

Allos, lac 122
Annecy, lac 192, **192**
AOP 26
Arcachon, bassin d' 222
Artour, cirque d' 146, **146**
Auvergne 146
Bellême, forêt de 240, **240**
Bordeaux 222
Bret, pas de 142
Canigou 51
Castelmoron-d'Albret 226
Cévennes 170, **170**
Champagne 250
Cotentin 154
Coulommiers 78
Crau, plaine de la 93
Der, lac de 250, **250**
Donon, massif du 216, **217**
Entre-Deux-Mers 226
Eus 51, **51**
Florac 170
Fromage, route des **26**
Garrets, lac des 122
Guyane 276
Iraty, forêt d' 257, **257**
La Colmiane 199, **199**
Madeleine, col de la 199
Maripasoula 276
Mercantour **122**, 123, **123**
Monastier-sur-Gazeille 170
Morbihan 145
Mycologiades 240
Organbidexka, col d' 257
Pays basque 257
Perche, parc naturel régional du 240
Périgord 15
Petite Cayolle, lac 122
Poët-Laval 142, **142**
Port-Racine 154, **154**
Puy-de-Dôme 146
Pyrénées-Orientales 51
Quiberon, baie de **144**, 145, **145**
Roanne, vallée de la 176
Rochefourchat 176
Routo 93, **93**
Saint-Dalmas-le-Selvage 199
Saint-Émilion 222, **222**
Saint-Jean-du-Gard 170
Sarlat 15
Stevenson, Robert Louis 170
Strura, vallée de la 93
Truffe 15, 15
Valcroissant, abbaye 142
Vosges 216

TRADITIONS DU MONDE

13 desserts 297, **297**
Arno 147

Boryeong Mud, festival de ... **176**
Bouctouche ... 201
Canada ... 201
Canaries ... 32
Colombie ... 17
Corée du Sud ... 176
Daechon, plage ... 176
Finlande ... 270, 270
Gomera, île ... 32, **32**
Grèce ... 305
Hanami ... 88, **88**
Hiroshima ... 88
Hokkaido ... 88
Ifanisa ... **55**
Jalousie, journée de la ... 270
Japon ... 113, 88
Karavaki ... 305, **305**
Kyoto ... 88
Madagascar ... 55
Matariki ... 153, **153**
Nara ... 88
Noël ... 284, 305
Nouvelle-Zélande ... 153
Okinawa ... 88
Pasto, carnaval ... 17, **17**
Philippines ... 284
Pise ... 147, **147**
Provence ... 297
Puces, île aux ... 201, **201**
San Juan de Pasto ... 17
Silbo ... 32
Taïko, tambour ... 113, **113**
Tokyo ... 88
Wellington ... **153**
Zafimaniry ... 55

ZOOM SUR...

Allemagne ... 166
Allouville, chêne de ... 167, **167**
Anvers-Central ... 218, **218**
Badaling Great Wall ... 218
Belgique ... 218
Bojnice, château de ... 242, **243**
Cadaquès ... 20
Casa Azul ... 20, **21**
Castel Sant'Angelo ... 242, **243**
Caux, pays de ... 167
Chhatrapati Shivaji Terminus ... 111, **111**
Chine ... 218
Dalì Salvador ... 20
Dunedin ... 277
Dunedin Railway Station ... 277, **277**
Équinoxe ... 73
Espagne ... 20
Èze, jardin ... 126, **127**
Frida Kahlo ... 20
Grand Central ... 111, **111**
Himeji ... 166, **166**
Istanbul ... 277
Japon ... 166
Marienbrücke ... 166
Marqueyssac, jardin ... 126, **127**
Mexico ... 20
Mexique ... 20
Mumbaï ... 111
Neuschwanstein, château ... 166, **166**
New York ... 111
Nouvelle-Zélande ... 277
Périgord ... 126
Port lligat ... 20, **20**
Rome ... 242
Saint-Sernin, basilique ... 285, **285**
Sirkeci ... 277, **277**
Solstice ... 150
Toulouse ... 285
Turquie ... 277

PHOTOS EN DOUBLE PAGE, PHOTOS DES PAGES DE JEUX ET DES PAUSES LECTURE, PHOTOS DE DÉBUT DE MOIS

Annecy, lac d' (France) **212-213**
Antananarive **210**
Aqaba, plage (Égypte) **133**
Athènes **211**
Aurel (France) **10**
Beluga **289**
Boëdic, chapelle (France) **160-161**
Bonne-Espérance, cap **102**
Budapest (Hongrie) **268**
Cheikh Zayed, mosquée (Abou Dabi) **208**
Cians, gorges du **187**
Etosha, parc national (Namibie) **108**
Fès (Maroc) **266-267**
Flamant rose **290-291**
Fujiyoshida (Japon) **84**
Gavarnie, cirque de (France) **184**
Geiranger, fjord de (Norvège) **136-137**
Gorée, île (Sénégal) **62**
Grand Canal, Venise **106-107**
Grande Muraille de Chine **36-37**
Koryama, château (Japon) **327**
La Paz (Bolivie) **190**
Landwasser, viaduc (Suisse) **38**
Léopard **288**
Lofoten, îles (Norvège) **292**
Megano, plage (Cuba) **162**
Mont Blanc (France) **12**
Mont-Tremblant (Canada) **238**
Monument Valley (États-Unis) **82-83**
Palerme (Italie) **265**
Pamukkale (Turquie) **214**
Perito Moreno, glacier (Patagonie) **105**
Phang-Nga, baie (Thaïlande) **59**
Quiberon, baie de **156**
Riisitunturi, parc national (Finlande) **318-319**
Roselend, lac de (France) **159**
Roys Peak (Nouvelle-Zélande) **56**
Rua Cana, chutes de (Namibie) **206**
Sacramento **310, 317**
Saint-Jean de Terre-Neuve (Canada) **138**
Sainte-Marie, île (Martinique) **186**
Sarek, parc national (Suède) **188-189**
Sinaï, désert du **135**
Taormine (Italie) **260**
Teahupoo (Tahiti) **103**
Thé, plantation (Sri Lanka) **60-61**
Tigre **286**
Trolltunga (Norvège) **320**
Verdon, gorges (France) **80**
Wadi Rum (Jordanie) **130**

Avertissement

Au moment où nous publions ce livre, compte tenu de l'instabilité politique d'un certain nombre de pays cités, nous recommandons aux voyageurs de se renseigner avant leur départ sur le site du ministère des Affaires étrangères : diplomatie.gouv.fr/fr/

Direction : Didier Férat
Direction éditoriale : Corinne Cesano
Édition : Iris Odier
Collaboration éditoriale : Lan-Floriane Le Bihan
Ouvrage réalisé par Le livre d'Après pour les éditions Solar
Direction d'ouvrage : Isabelle Raimond
Création graphique et mise en page : Studio Blick
Couverture : Studio Jeanne
Photographies : © Adobe Stock
Fabrication : Camille Friquet

92, avenue de France – 75013 Paris
serviceclients@lisez.com

ISBN : 978-2-263-18739-1
Code éditeur : L18739/01
Dépôt légal : octobre 2024
Imprimé en Slovénie par DZS